Ciao ragazzo, ciao ragazza,

Forza! Die 65 wichtigsten italienischen Verben ist ideal für die Schule oder zum Nachschlagen für unterwegs und als Ebook immer und überall dabei.

Die Verben sind in alphabetischer Reihenfolge angeführt und in den folgenden Zeiten konjugiert:

presente	passato prossimo
imperfetto	trapassato prossimo
passato remoto	trapassato remoto
futuro semplice	futuro anteriore
condizionale semplice	condizionale composto
congiuntivo presente	congiuntivo passato
congiuntivo imperfetto	congiuntivo trapassato
imperativo affermativo	imperativo negativo
pareticipio presente	participio passato
gerundio	

Neben dem Infinitiv ist in Klammer die deutsche Bedeutung angegeben, zB:
1 abitare (wohnen)

Buon lavoro!

Verena Lechner

Übersicht Verbtabellen

#		#		#	
1	abitare	26	essere	51	scrivere
2	alzarsi	27	fare	52	sedersi
3	amare	28	finire	53	sentire
4	andare	29	guardare	54	stare
5	aprire	30	incontrarsi	55	studiare
6	arrivare	31	lasciare	56	svegliarsi
7	ascoltare	32	lavare	57	telefonare
8	aspettare	33	lavorare	58	tenere
9	avere	34	leggere	59	uscire
10	bere	35	mangiare	60	vedere
11	capire	36	mettere	61	venire
12	chiamarsi	37	offrire	62	vestirsi
13	chiedere	38	pagare	63	viaggiare
14	chiudere	39	parlare	64	vivere
15	cominciare	40	partire	65	volere
16	comprare	41	perdere		
17	conoscere	42	portare		
18	continuare	43	potere		
19	credere	44	preferire		
20	dare	45	prendere		
21	desiderare	46	preparare		
22	dimenticare	47	ridere		
23	dire	48	salire		
24	dormire	49	salutare		
25	dovere	50	sapere		

1 abitare (wohnen)

presente	passato prossimo
abito	ho abitato
abiti	hai abitato
abita	ha abitato
abitiamo	abbiamo abitato
abitate	avete abitato
abitano	hanno abitato

imperfetto	trapassato prossimo
abitavo	avevo abitato
abitavi	avevi abitato
abitava	aveva abitato
abitavamo	avevamo abitato
abitavate	avevate abitato
abitavano	avevano abitato

passato remoto	trapassato remoto
abitai	ebbi abitato
abitasti	avesti abitato
abitò	ebbe abitato
abitammo	avemmo abitato
abitaste	aveste abitato
abitarono	ebbero abitato

futuro semplice	futuro anteriore
abiterò	avrò abitato
abiterai	avrai abitato
abiterà	avrà abitato
abiteremo	avremo abitato
abiterete	avrete abitato
abiteranno	avranno abitato

condizionale semplice	condizionale composto
abiterei	avrei abitato
abiteresti	avresti abitato
abiterebbe	avrebbe abitato
abiteremmo	avremmo abitato
abitereste	avreste abitato
abiterebbero	avrebbero abitato

congiuntivo presente	congiuntivo passato
abiti	abbia abitato
abiti	abbia abitato
abiti	abbia abitato
abitiamo	abbiamo abitato
abitiate	abbiate abitato
abitino	abbiano abitato

congiuntivo imperfetto	congiuntivo trapassato
abitassi	avessi abitato
abitassi	avessi abitato
abitasse	avesse abitato
abitassimo	avessimo abitato
abitaste	aveste abitato
abitassero	avessero abitato

imperativo affermativo	imperativo negativo
abita	non abitare
abiti	non abiti
abitiamo	non abitiamo
abitate	non abitate
abitino	non abitino

participio presente	participio passato
abitante	abitato

gerundio	
abitando	

2 alzarsi (aufstehen)

presente	passato prossimo
mi alzo	mi sono alzato/a
ti alzi	ti sei alzato/a
si alza	si è alzato/a
ci alziamo	ci siamo alzati/e
vi alzate	vi siete alzati/e
si alzano	si sono alzati/e

imperfetto	trapassato prossimo
mi alzavo	mi ero alzato/a
ti alzavi	ti eri alzato/a
si alzava	si era alzato/a
ci alzavamo	ci eravamo alzati/e
vi alzavate	vi eravate alzati/e
si alzavano	si erano alzati/e

passato remoto	trapassato remoto
mi alzai	mi fui alzato/a
ti alzasti	ti fosti alzato/a
si alzò	si fu alzato/a
ci alzammo	ci fummo alzati/e
vi alzaste	vi foste alzati/e
si alzarono	si furono alzati/e

futuro semplice	futuro anteriore
mi alzerò	mi sarò alzato/a
ti alzerai	ti sarai alzato/a
si alzerà	si sarà alzato/a
ci alzeremo	ci saremo alzati/e
vi alzerete	vi sarete alzati/e
si alzeranno	si saranno alzati/e

condizionale semplice	condizionale composto
mi alzerei	mi sarei alzato/a
ti alzeresti	ti saresti alzato/a
si alzerebbe	si sarebbe alzato/a
ci alzeremmo	ci saremmo alzati/e
vi alzereste	vi sareste alzati/e
si alzerebbero	si sarebbero alzati/e

congiuntivo presente	congiuntivo passato
mi alzi	mi sia alzato/a
ti alzi	ti sia alzato/a
si alzi	si sia alzato/a
ci alziamo	ci siamo alzati/e
vi alziate	vi siate alzati/e
si alzino	si siano alzati/e

congiuntivo imperfetto	congiuntivo trapassato
mi alzassi	mi fossi alzato/a
ti alzassi	ti fossi alzato/a
si alzasse	si fosse alzato/a
ci alzassimo	ci fossimo alzati/e
vi alzaste	vi foste alzati/e
si alzassero	si fossero alzati/e

imperativo affermativo	imperativo negativo
alzati	non alzare
si alzi	non si alzi
alziamoci	non alziamoci
alzatevi	non alzatevi
si alzino	non si alzino

participio presente	participio passato
alzantesi	alzatosi

gerundio	
alzandosi	

3   amare (lieben)

presente	passato prossimo
amo	ho amato
ami	hai amato
ama	ha amato
amiamo	abbiamo amato
amate	avete amato
amano	hanno amato

imperfetto	trapassato prossimo
amavo	avevo amato
amavi	avevi amato
amava	aveva amato
amavamo	avevamo amato
amavate	avevate amato
amavano	avevano amato

passato remoto	trapassato remoto
amai	ebbi amato
amasti	avesti amato
amò	ebbe amato
amammo	avemmo amato
amaste	aveste amato
amarono	ebbero amato

futuro semplice	futuro anteriore
amerò	avrò amato
amerai	avrai amato
amerà	avrà amato
ameremo	avremo amato
amerete	avrete amato
ameranno	avranno amato

condizionale semplice	condizionale composto
amerei	avrei amato
ameresti	avresti amato
amerebbe	avrebbe amato
ameremmo	avremmo amato
amereste	avreste amato
amerebbero	avrebbero amato

congiuntivo presente	congiuntivo passato
ami	abbia amato
ami	abbia amato
ami	abbia amato
amiamo	abbiamo amato
amiate	abbiate amato
amino	abbiano amato

congiuntivo imperfetto	congiuntivo trapassato
amassi	avessi amato
amassi	avessi amato
amasse	avesse amato
amassimo	avessimo amato
amaste	aveste amato
amassero	avessi amato

imperativo affermativo	imperativo negativo
ama	non amare
ami	non ami
amiamo	non amiamo
amate	non amate
amino	non amino

participio presente	participio passato
amante	amato

gerundio	
amando	

4 andare (gehen, fahren)

presente	passato prossimo
vado	sono andato/a
vai	sei andato/a
va	è andato/a
andiamo	siamo andati/e
andate	siete andati/e
vanno	sono andato/e

imperfetto	trapassato prossimo
andavo	ero andato/a
andavi	eri andato/a
andava	era andato/a
andavamo	eravamo andati/e
andavate	eravate andati/e
andavano	erano andati/e

passato remoto	trapassato remoto
andai	fui andato/a
andasti	fosti andato/a
andò	fu andato/a
andammo	fummo andati/e
andaste	foste andati/e
andarono	furono andati/e

futuro semplice	futuro anteriore
andrò	sarò andato/a
andrai	sarai andato/a
andrà	sarà andato/a
andremo	saremo andati/e
andrete	sarete andati/e
andranno	saranno andati/e

condizionale semplice	condizionale composto
andrei	sarei andato/a
andresti	saresti andato/a
andrebbe	sarebbe andato/a
andremmo	saremmo andati/e
andreste	sareste andati/e
andrebbero	sarebbero andati/e

congiuntivo presente	congiuntivo passato
vada	sia andato/a
vada	sia andato/a
vada	sia andato/a
andiamo	siamo andati/e
andiate	siate andati/e
vadano	siano andati/e

congiuntivo imperfetto	congiuntivo trapassato
andassi	fossi andato/a
andassi	fossi andato/a
andasse	fosse andato/a
andassimo	fossimo andati/e
andaste	foste andati/e
andassero	fossero andati/e

imperativo affermativo	imperativo negativo
va'/vai	non andare
vada	non vada
andiamo	non andiamo
andate	non andate
vadano	non vadano

participio presente	participio passato
andante	andato

gerundio	
andando	

5 aprire (öffnen)

presente	passato prossimo
apro	ho aperto
apri	hai aperto
apre	ha aperto
apriamo	abbiamo aperto
aprite	avete aperto
aprono	hanno aperto

imperfetto	trapassato prossimo
aprivo	avevo aperto
aprivi	avevi aperto
apriva	aveva aperto
aprivamo	avevamo aperto
aprivate	avevate aperto
aprivano	avevano aperto

passato remoto	trapassato remoto
aprii/apersi	ebbi aperto
apristi	avesti aperto
aprì/aperse	ebbe aperto
aprimmo	avemmo aperto
apriste	aveste aperto
aprirono/apersero	ebbero aperto

futuro semplice	futuro anteriore
aprirò	avrò aperto
aprirai	avrai aperto
aprirà	avrà aperto
apriremo	avremo aperto
aprirete	avrete aperto
apriranno	avranno aperto

condizionale semplice	condizionale composto
aprirei	avrei aperto
apriresti	avresti aperto
aprirebbe	avrebbe aperto
apriremmo	avremmo aperto
aprireste	avreste aperto
aprirebbero	avrebbero aperto

congiuntivo presente	congiuntivo passato
apra	abbia aperto
apra	abbia aperto
apra	abbia aperto
apriamo	abbiamo aperto
apriate	abbiate aperto
aprano	abbiano aperto

congiuntivo imperfetto	congiuntivo trapassato
aprissi	avessi aperto
aprissi	avessi aperto
aprisse	avesse aperto
aprissimo	avessimo aperto
apriste	aveste aperto
aprissero	avessero aperto

imperativo affermativo	imperativo negativo
apri	non aprire
apra	non apra
apriamo	non apriamo
aprite	non aprite
aprano	non aprano

participio presente	participio passato
aprente	aperto

gerundio	
aprendo	

6 arrivare (ankommen)

presente	passato prossimo
arrivo	sono arrivato/a
arrivi	sei arrivato/a
arriva	è arrivato/a
arriviamo	siamo arrivati/e
arrivate	siete arrivati/e
arrivano	sono arrivati/e

imperfetto	trapassato prossimo
arrivavo	ero arrivato/a
arrivavi	eri arrivato/a
arrivava	era arrivato/a
arrivavamo	eravamo arrivati/e
arrivavate	eravate arrivati/e
arrivavano	erano arrivati/e

passato remoto	trapassato remoto
arrivai	fui arrivato/a
arrivasti	fosti arrivato/a
arrivò	fu arrivato/a
arrivammo	fummo arrivati/e
arrivaste	foste arrivati/e
arrivarono	furono arrivati/e

futuro semplice	futuro anteriore
arriverò	sarò arrivato/a
arriverai	sarai arrivato/a
arriverà	sarà arrivato/a
arriveremo	saremo arrivati/e
arriverete	sarete arrivati/e
arriveranno	saranno arrivati/e

condizionale semplice	condizionale composto
arriverei	sarei arrivato/a
arriveresti	saresti arrivato/a
arriverebbe	sarebbe arrivato/a
arriveremmo	saremmo arrivati/e
arrivereste	sarete arrivati/e
arriverebbero	sarebbero arrivati/e

congiuntivo presente	congiuntivo passato
arrivi	sia arrivato/a
arrivi	sia arrivato/a
arrivi	sia arrivato/a
arriviamo	siamo arrivati/e
arriviate	siate arrivati/e
arrivino	siano arrivati/e

congiuntivo imperfetto	congiuntivo trapassato
arrivassi	fossi arrivato/a
arrivassi	fossi arrivato/a
arrivasse	fosse arrivato/a
arrivassimo	fossimo arrivati/e
arrivaste	foste arrivati/e
arrivassero	fossero arrivati/e

imperativo affermativo	imperativo negativo
arriva	non arrivare
arrivi	non arrivi
arriviamo	non arriviamo
arrivate	non arrivate
arrivino	non arrivino

participio presente	participio passato
arrivante	arrivato

gerundio	
arrivando	

7   ascoltare (hören, zuhören)

presente	passato prossimo
ascolto	ho ascoltato
ascolti	hai ascoltato
ascolta	ha ascoltato
ascoltiamo	abbiamo ascoltato
ascoltate	avete ascoltato
ascoltano	hanno ascoltato

imperfetto	trapassato prossimo
ascoltavo	avevo ascoltato
ascoltavi	avevi ascoltato
ascoltava	aveva ascoltato
ascoltavamo	avevamo ascoltato
ascoltavate	avevate ascoltato
ascoltavano	avevano ascoltato

passato remoto	trapassato remoto
ascoltai	ebbi ascoltato
ascoltasti	avesti ascoltato
ascoltò	ebbe ascoltato
ascoltammo	avemmo ascoltato
ascoltaste	aveste ascoltato
ascoltarono	ebbero ascoltato

futuro semplice	futuro anteriore
ascolterò	avrò ascoltato
ascolterai	avrai ascoltato
ascolterà	avrà ascoltato
ascolteremo	avremo ascoltato
ascolterete	avrete ascoltato
ascolteranno	avranno ascoltato

condizionale semplice	condizionale composto
ascolterei	avrei ascoltato
ascolteresti	avresti ascoltato
ascolterebbe	avrebbe ascoltato
ascolteremmo	avremmo ascoltato
ascoltereste	avreste ascoltato
ascolterebbero	avrebbero ascoltato

congiuntivo presente	congiuntivo passato
ascolti	abbia ascoltato
ascolti	abbia ascoltato
ascolti	abbia ascoltato
ascoltiamo	abbiamo ascoltato
ascoltiate	abbiate ascoltato
ascoltino	abbiano ascoltato

congiuntivo imperfetto	congiuntivo trapassato
ascoltassi	avessi ascoltato
ascoltassi	avessi ascoltato
ascoltasse	avesse ascoltato
ascoltassimo	avessimo ascoltato
ascoltaste	aveste ascoltato
ascoltassero	avessero ascoltato

imperativo affermativo	imperativo negativo
ascolta	non ascoltare
ascolti	non ascolti
ascoltiamo	non ascoltiamo
ascoltate	non ascoltate
ascoltino	non ascoltino

participio presente	participio passato
ascoltante	ascoltato

gerundio	
ascoltando	

8   aspettare (warten)

presente	passato prossimo
aspetto	ho aspettato
aspetti	hai aspettato
aspetta	ha aspettato
aspettiamo	abbiamo aspettato
aspettate	avete aspettato
aspettano	hanno aspettato

imperfetto	trapassato prossimo
aspettavo	avevo aspettato
aspettavi	avevi aspettato
aspettava	aveva aspettato
aspettavamo	avevamo aspettato
aspettavate	avevate aspettato
aspettavano	avevano aspettato

passato remoto	trapassato remoto
aspettai	ebbi aspettato
aspettasti	avesti aspettato
aspettò	ebbe aspettato
aspettammo	avemmo aspettato
aspettaste	aveste aspettato
aspettarono	ebbero aspettato

futuro semplice	futuro anteriore
aspetterò	avrò aspettato
aspetterai	avrai aspettato
aspetterà	avrà aspettato
aspetteremo	avremo aspettato
aspetterete	avrete aspettato
aspetteranno	avranno aspettato

condizionale semplice	condizionale composto
aspetterei	avrei aspettato
aspetteresti	avresti aspettato
aspetterebbe	avrebbe aspettato
aspetteremmo	avremmo aspettato
aspettereste	avreste aspettato
aspetterebbero	avrebbero aspettato

congiuntivo presente	congiuntivo passato
aspetti	abbia aspettato
aspetti	abbia aspettato
aspetti	abbia aspettato
aspettiamo	abbiamo aspettato
aspettiate	abbiate aspettato
aspettino	abbiano aspettato

congiuntivo imperfetto	congiuntivo trapassato
aspettassi	avessi aspettato
aspettassi	avessi aspettato
aspettasse	avesse aspettato
aspettassimo	avessimo aspettato
aspettaste	aveste aspettato
aspettassero	avessero aspettato

imperativo affermativo	imperativo negativo
aspetta	non aspettare
aspetti	non aspetti
aspettiamo	non aspettiamo
aspettate	non aspettate
aspettino	non aspettino

participio presente	participio passato
aspettante	aspettato

gerundio	
aspettando	

9 avere (haben)

presente	passato prossimo
ho	ho avuto
hai	hai avuto
ha	ha avuto
abbiamo	abbiamo avuto
avete	avete avuto
hanno	hanno avuto

imperfetto	trapassato prossimo
avevo	avevo avuto
avevi	avevi avuto
aveva	aveva avuto
avevamo	avevamo avuto
avevate	avevate avuto
avevano	avevano avuto

passato remoto	trapassato remoto
ebbi	ebbi avuto
avesti	avesti avuto
ebbe	ebbe avuto
avemmo	avemmo avuto
aveste	aveste avuto
ebbero	ebbero avuto

futuro semplice	futuro anteriore
avrò	avrò avuto
avrai	avrai avuto
avrà	avrà avuto
avremo	avremo avuto
avrete	avrete avuto
avranno	avranno avuto

condizionale semplice	condizionale composto
avrei	avrei avuto
avresti	avresti avuto
avrebbe	avrebbe avuto
avremmo	avremmo avuto
avreste	avreste avuto
avrebbero	avrebbero avuto

congiuntivo presente	congiuntivo passato
abbia	abbia avuto
abbia	abbia avuto
abbia	abbia avuto
abbiamo	abbiamo avuto
abbiate	abbiate avuto
abbiano	abbiano avuto

congiuntivo imperfetto	congiuntivo trapassato
avessi	avessi avuto
avessi	avessi avuto
avesse	avesse avuto
avessimo	avessimo avuto
aveste	aveste avuto
avessero	avessero avuto

imperativo affermativo	imperativo negativo
abbi	non avere
abbia	non abbia
abbiamo	non abbiamo
abbiate	non abbiate
abbiano	non abbiano

participio presente	participio passato
avente	avuto

gerundio	
avendo	

10 bere (trinken)

presente	passato prossimo
bevo	ho bevuto
bevi	hai bevuto
beve	ha bevuto
beviamo	abbiamo bevuto
bevete	avete bevuto
bevono	hanno bevuto

imperfetto	trapassato prossimo
bevevo	avevo bevuto
bevevi	avevi bevuto
beveva	aveva bevuto
bevevamo	avevamo bevuto
bevevate	avevate bevuto
bevevano	avevano bevuto

passato remoto	trapassato remoto
bevvi/bevetti	ebbi bevuto
bevesti	avesti bevuto
bevve/bevette	ebbe bevuto
bevemmo	avemmo bevuto
beveste	aveste bevuto
bevvero/bevettero	ebbero bevuto

futuro semplice	futuro anteriore
berrò	avrò bevuto
berrai	avrai bevuto
berrà	avrà bevuto
berremo	avremo bevuto
berrete	avrete bevuto
berranno	avranno bevuto

condizionale semplice	condizionale composto
berrei	avrei bevuto
berresti	avresti bevuto
berrebbe	avrebbe bevuto
berremmo	avremmo bevuto
berreste	avreste bevuto
berrebbero	avrebbero bevuto

congiuntivo presente	congiuntivo passato
beva	abbia bevuto
beva	abbia bevuto
beva	abbia bevuto
beviamo	abbiamo bevuto
beviate	abbiate bevuto
bevano	abbiano bevuto

congiuntivo imperfetto	congiuntivo trapassato
bevessi	avessi bevuto
bevessi	avessi bevuto
bevesse	avesse bevuto
bevessimo	avessimo bevuto
beveste	aveste bevuto
bevessero	avessero bevuto

imperativo affermativo	imperativo negativo
bevi	non bere
beva	non beva
beviamo	non beviamo
bevete	non bevete
bevano	non bevano

participio presente	participio passato
bevente	bevuto

gerundio	
bevendo	

11   capire (verstehen, begreifen)

presente	passato prossimo
capisco	ho capito
capisci	hai capito
capisce	ha capito
capiamo	abbiamo capito
capite	avete capito
capiscono	hanno capito

imperfetto	trapassato prossimo
capivo	avevo capito
capivi	avevi capito
capiva	aveva capito
capivamo	avevamo capito
capivate	avevate capito
capivano	avevano capito

passato remoto	trapassato remoto
capii	ebbi capito
capisti	avesti capito
capì	ebbe capito
capimmo	avemmo capito
capiste	aveste capito
capirono	ebbero capito

futuro semplice	futuro anteriore
capirò	avrò capito
capirai	avrai capito
capirà	avrà capito
capiremo	avremo capito
capirete	avrete capito
capiranno	avranno capito

condizionale semplice	condizionale composto
capirei	avrei capito
capiresti	avresti capito
capirebbe	avrebbe capito
capiremmo	avremmo capito
capireste	avreste capito
capirebbero	avrebbero capito

congiuntivo presente	congiuntivo passato
capisca	abbia capito
capisca	abbia capito
capisca	abbia capito
capiamo	abbiamo capito
capiate	abbiate capito
capiscano	abbiano capito

congiuntivo imperfetto	congiuntivo trapassato
capissi	avessi capito
capissi	avessi capito
capisse	avesse capito
capissimo	avessimo capito
capiste	aveste capito
capissero	avessero capito

imperativo affermativo	imperativo negativo
capisci	non capire
capisca	non capisca
capiamo	non capiamo
capite	non capite
capiscano	non capiscano

participio presente	participio passato
capente	capito

gerundio	
capendo	

12   chiamarsi (heißen)

presente	passato prossimo
mi chiamo	mi sono chiamato/a
ti chiami	ti sei chiamato/a
si chiama	si è chiamato/a
ci chiamiamo	ci siamo chiamati/e
vi chiamate	vi siete chiamati/e
si chiamano	si sono chiamati/e

imperfetto	trapassato prossimo
mi chiamavo	mi ero chiamato/a
ti chiamavi	ti eri chiamato/a
si chiamava	si era chiamato/a
ci chiamavamo	ci eravamo chiamati/e
vi chiamavate	vi eravate chiamati/e
si chiamavano	si erano chiamati/e

passato remoto	trapassato remoto
mi chiamai	mi fui chiamato/a
ti chiamasti	ti fosti chiamato/a
si chiamò	si fu chiamato/a
ci chiamammo	ci fummo chiamati/e
vi chiamaste	vi foste chiamati/e
si chiamarono	si furono chiamati/e

futuro semplice	futuro anteriore
mi chiamerò	mi sarò chiamato/a
ti chiamerai	ti sarai chiamato/a
si chiamerà	si sarà chiamato/a
ci chiameremo	ci saremo chiamati/e
vi chiamerete	vi sarete chiamati/e
si chiameranno	si saranno chiamati/e

condizionale semplice	condizionale composto
mi chiamerei	mi sarei chiamato/a
ti chiameresti	ti saresti chiamato/a
si chiamerebbe	si sarebbe chiamato/a
ci chiameremmo	ci saremmo chiamati/e
vi chiamereste	vi sareste chiamati/e
si chiamerebbero	si sarebbero chiamati/e

congiuntivo presente	congiuntivo passato
mi chiami	mi sia chiamato/a
ti chiami	ti sia chiamato/a
si chiami	si sia chiamato/a
ci chiamiamo	ci siamo chiamati/e
vi chiamiate	vi siate chiamati/e
si chiamino	si siano chiamati/e

congiuntivo imperfetto	congiuntivo trapassato
mi chiamassi	mi fossi chiamato/a
ti chiamassi	ti fossi chiamato/a
si chiamasse	si fosse chiamato/a
ci chiamassimo	ci fossimo chiamati/e
vi chiamaste	vi foste chiamati/e
si chiamassero	si fossero chiamati/e

imperativo affermativo	imperativo negativo
chiamati	non chiamarti
si chiami	non si chiami
chiamiamoci	non chiamiamoci
chiamatevi	non chiamatevi
si chiamino	non si chiamino

participio presente	participio passato
chiamantesi	chiamatosi

gerundio	
chiamandosi	

13   chiedere (fragen)

presente	passato prossimo
chiedo	ho chiesto
chiedi	hai chiesto
chiede	ha chiesto
chiediamo	abbiamo chiesto
chiedete	avete chiesto
chiedono	hanno chiesto

imperfetto	trapassato prossimo
chiedevo	avevo chiesto
chiedevi	avevi chiesto
chiedeva	aveva chiesto
chiedevamo	avevamo chiesto
chiedevate	avevate chiesto
chiedevano	avevano chiesto

passato remoto	trapassato remoto
chiesi	ebbi chiesto
chiedesti	avesti chiesto
chiese	ebbe chiesto
chiedemmo	avemmo chiesto
chiedeste	aveste chiesto
chiesero	ebbero chiesto

futuro semplice	futuro anteriore
chiederò	avrò chiesto
chiederai	avrai chiesto
chiederà	avrà chiesto
chiederemo	avremo chiesto
chiederete	avrete chiesto
chiederanno	avranno chiesto

condizionale semplice	condizionale composto
chiederei	avrei chiesto
chiederesti	avresti chiesto
chiederebbe	avrebbe chiesto
chiederemmo	avremmo chiesto
chiedereste	avreste chiesto
chiederebbero	avrebbero chiesto

congiuntivo presente	congiuntivo passato
chieda	abbia chiesto
chieda	abbia chiesto
chieda	abbia chiesto
chiediamo	abbiamo chiesto
chiediate	abbiate chiesto
chiedano	abbiano chiesto

congiuntivo imperfetto	congiuntivo trapassato
chiedessi	avessi chiesto
chiedessi	avessi chiesto
chiedessi	avesse chiesto
chiedessimo	avessimo chiesto
chiedeste	aveste chiesto
chiedessero	avessero chiesto

imperativo affermativo	imperativo negativo
chiedi	non chiedere
chieda	non chieda
chiediamo	non chiediamo
chiedete	non chiedete
chiedano	non chiedano

participio presente	participio passato
chiedente	chiesto

gerundio	
chiedendo	

14   chiudere (schließen)

presente	passato prossimo
chiudo	ho chiuso
chiudi	hai chiuso
chiude	ha chiuso
chiudiamo	abbiamo chiuso
chiudete	avete chiuso
chiudono	hanno chiuso

imperfetto	trapassato prossimo
chiudevo	avevo chiuso
chiudevi	avevi chiuso
chiudeva	aveva chiuso
chiudevamo	avevamo chiuso
chiudevate	avevate chiuso
chiudevano	avevano chiuso

passato remoto	trapassato remoto
chiusi	ebbi chiuso
chiudesti	avesti chiuso
chiuse	ebbe chiuso
chiudemmo	avemmo chiuso
chiudeste	aveste chiuso
chiusero	ebbero chiuso

futuro semplice	futuro anteriore
chiuderò	avrò chiuso
chiuderai	avrai chiuso
chiuderà	avrà chiuso
chiuderemo	avremo chiuso
chiuderete	avrete chiuso
chiuderanno	avranno chiuso

condizionale semplice	condizionale composto
chiuderei	avrei chiuso
chiuderesti	avresti chiuso
chiuderebbe	avrebbe chiuso
chiuderemmo	avremmo chiuso
chiudereste	avreste chiuso
chiuderebbero	avrebbero chiuso

congiuntivo presente	congiuntivo passato
chiuda	abbia chiuso
chiuda	abbia chiuso
chiuda	abbia chiuso
chiudiamo	abbiamo chiuso
chiudiate	abbiate chiuso
chiudano	abbiano chiuso

congiuntivo imperfetto	congiuntivo trapassato
chiudessi	avessi chiuso
chiudessi	avessi chiuso
chiudesse	avesse chiuso
chiudessimo	avessimo chiuso
chiudeste	aveste chiuso
chiudessero	avessero chiuso

imperativo affermativo	imperativo negativo
chiudi	non chiudere
chiuda	non chiuda
chiudiamo	non chiudiamo
chiudete	non chiudete
chiudano	non chiudano

participio presente	participio passato
chiudente	chiuso

gerundio	
chiudendo	

15   cominciare (anfangen, beginnen)

presente	passato prossimo
comincio	ho cominciato
cominci	hai cominciato
comincia	ha cominciato
cominciamo	abbiamo cominciato
cominciate	avete cominciato
cominciano	hanno cominciato

imperfetto	trapassato prossimo
cominciavo	avevo cominciato
cominciavi	avevi cominciato
cominciava	aveva cominciato
cominciavamo	avevamo cominciato
cominciavate	avevate cominciato
cominciavano	avevano cominciato

passato remoto	trapassato remoto
cominciai	ebbi cominciato
cominciasti	avesti cominciato
cominciò	ebbe cominciato
cominciammo	avemmo cominciato
cominciaste	aveste cominciato
cominciarono	ebbero cominciato

futuro semplice	futuro anteriore
comincerò	avrò cominciato
comincerai	avrai cominciato
comincerà	avrà cominciato
cominceremo	avremo cominciato
comincerete	avrete cominciato
cominceranno	avranno cominciato

condizionale semplice	condizionale composto
comincerei	avrei cominciato
cominceresti	avresti cominciato
comincerebbe	avrebbe cominciato
cominceremmo	avremmo cominciato
comincereste	avreste cominciato
comincerebbero	avrebbero cominciato

congiuntivo presente	congiuntivo passato
cominci	abbia cominciato
cominci	abbia cominciato
cominci	abbia cominciato
cominciamo	abbiamo cominciato
cominciate	abbiate cominciato
comincino	abbiano cominciato

congiuntivo imperfetto	congiuntivo trapassato
cominciassi	avessi cominciato
cominciassi	avessi cominciato
cominciasse	avesse cominciato
cominciassimo	avessimo cominciato
cominciaste	aveste cominciato
cominciassero	avessero cominciato

imperativo affermativo	imperativo negativo
comincia	non cominciare
cominci	non cominci
cominciamo	non cominciamo
cominciate	non cominciate
comincino	non comincino

participio presente	participio passato
cominciante	cominciato

gerundio	
cominciando	

16   comprare (kaufen)

presente	passato prossimo
compro	ho comprato
compri	hai comprato
compra	ha comprato
compriamo	abbiamo comprato
comprate	avete comprato
comprano	hanno comprato

imperfetto	trapassato prossimo
compravo	avevo comprato
compravi	avevi comprato
comprava	aveva comprato
compravamo	avevamo comprato
compravate	avevate comprato
compravano	avevano comprato

passato remoto	trapassato remoto
comprai	ebbi comprato
comprasti	avesti comprato
comprò	ebbe comprato
comprammo	avemmo comprato
compraste	aveste comprato
comprarono	ebbero comprato

futuro semplice	futuro anteriore
comprerò	avrò comprato
comprerai	avrai comprato
comprerà	avrà comprato
compreremo	avremo comprato
comprerete	avrete comprato
compreranno	avranno comprato

condizionale semplice	condizionale composto
comprerei	avrei comprato
compreresti	avresti comprato
comprerebbe	avrebbe comprato
compreremmo	avremmo comprato
comprereste	avreste comprato
comprerebbero	avrebbero comprato

congiuntivo presente	congiuntivo passato
compri	abbia comprato
compri	abbia comprato
compri	abbia comprato
compriamo	abbiamo comprato
compriate	abbiate comprato
comprino	abbiano comprato

congiuntivo imperfetto	congiuntivo trapassato
comprassi	avessi comprato
comprassi	avessi comprato
comprasse	avesse comprato
comprassimo	avessimo comprato
compraste	aveste comprato
comprassero	avessero comprato

imperativo affermativo	imperativo negativo
compra	non comprare
compri	non compri
compriamo	non compriamo
comprate	non comprate
comprino	non comprino

participio presente	participio passato
comprante	comprato

gerundio	
comprando	

17 conoscere (kennen)

presente	passato prossimo
conosco	ho conosciuto
conosci	hai conosciuto
conosce	ha conosciuto
conosciamo	abbiamo conosciuto
conoscete	avete conosciuto
conoscono	hanno conosciuto

imperfetto	trapassato prossimo
conoscevo	avevo conosciuto
conoscevi	avevi conosciuto
conosceva	aveva conosciuto
conoscevamo	avevamo conosciuto
conoscevate	avevate conosciuto
conoscevano	avevano conosciuto

passato remoto	trapassato remoto
conobbi	ebbi conosciuto
conoscesti	avesti conosciuto
conobbe	ebbe conosciuto
conoscemmo	avemmo conosciuto
conosceste	aveste conosciuto
conobbero	ebbero conosciuto

futuro semplice	futuro anteriore
conoscerò	avrò conosciuto
conoscerai	avrai conosciuto
conoscerà	avrà conosciuto
conosceremo	avremo conosciuto
conoscerete	avrete conosciuto
conosceranno	avranno conosciuto

condizionale semplice	condizionale composto
conoscerei	avrei conosciuto
conosceresti	avresti conosciuto
conoscerebbe	avrebbe conosciuto
conosceremmo	avremmo conosciuto
conoscereste	avreste conosciuto
conoscerebbero	avrebbero conosciuto

congiuntivo presente	congiuntivo passato
conosca	abbia conosciuto
conosca	abbia conosciuto
conosca	abbia conosciuto
conosciamo	abbiamo conosciuto
conosciate	abbiate conosciuto
conoscano	abbiano conosciuto

congiuntivo imperfetto	congiuntivo trapassato
conoscessi	avessi conosciuto
conoscessi	avessi conosciuto
conoscesse	avesse conosciuto
conoscessimo	avessimo conosciuto
conosceste	aveste conosciuto
conoscessero	avessero conosciuto

imperativo affermativo	imperativo negativo
conosci	non conoscere
conosca	non conosca
conosciamo	non conosciamo
conoscete	non conoscete
conoscano	non conoscano

participio presente	participio passato
conoscente	conosciuto

gerundio	
conoscendo	

18   continuare (fortsetzen)

presente	passato prossimo
continuo	ho continuato
continui	hai continuato
continua	ha continuato
continuiamo	abbiamo continuato
continuate	avete continuato
continuano	hanno continuato

imperfetto	trapassato prossimo
continuavo	avevo continuato
continuavi	avevi continuato
continuava	aveva continuato
continuavamo	avevamo continuato
continuavate	avevate continuato
continuavano	avevano continuato

passato remoto	trapassato remoto
continuai	ebbe continuato
continuasti	avesti continuato
continuò	ebbe continuato
continuammo	avemmo continuato
continuaste	aveste continuato
continuarono	ebbero continuato

futuro semplice	futuro anteriore
continuerò	avrò continuato
continuerai	avrai continuato
continuerà	avrà continuato
continueremo	avremo continuato
continuerete	avrete continuato
continueranno	avranno continuato

condizionale semplice	condizionale composto
continuerei	avrei continuato
continueresti	avresti continuato
continuerebbe	avrebbe continuato
continueremmo	avremmo continuato
continuereste	avreste continuato
continuerebbero	avrebbero continuato

congiuntivo presente	congiuntivo passato
continui	abbia continuato
continui	abbia continuato
continui	abbia continuato
continuiamo	abbiamo continuato
continuiate	abbiate continuato
continuino	abbiano continuato

congiuntivo imperfetto	congiuntivo trapassato
continuassi	avessi continuato
continuassi	avessi continuato
continuasse	avesse continuato
continuassimo	avessimo continuato
continuaste	aveste continuato
continuassero	avessero continuato

imperativo affermativo	imperativo negativo
continua	non continuare
continui	non continui
continuiamo	non continuiamo
continuate	non continuate
continuino	non continuino

participio presente	participio passato
continuante	continuato

gerundio	
continuando	

19   credere (glauben)

presente	passato prossimo
credo	ho creduto
credi	hai creduto
crede	ha creduto
crediamo	abbiamo creduto
credete	avete creduto
credono	hanno creduto

imperfetto	trapassato prossimo
credevo	avevo creduto
credevi	avevi creduto
credeva	aveva creduto
credevamo	avevamo creduto
credevate	avevate creduto
credevano	avevano creduto

passato remoto	trapassato remoto
credetti/credei	ebbi creduto
credesti	avesti creduto
credette/credé	ebbe creduto
credemmo	avemmo creduto
credeste	aveste creduto
credettero/crederono	ebbero creduto

futuro semplice	futuro anteriore
crederò	avrò creduto
crederai	avrai creduto
crederà	avrà creduto
crederemo	avremo creduto
crederete	avrete creduto
crederanno	avranno creduto

condizionale semplice	condizionale composto
crederei	avrei creduto
crederesti	avresti creduto
crederebbe	avrebbe creduto
crederemmo	avremmo creduto
credereste	avreste creduto
crederebbero	avrebbero creduto

congiuntivo presente	congiuntivo passato
creda	abbia creduto
creda	abbia creduto
creda	abbia creduto
crediamo	abbiamo creduto
crediate	abbiate creduto
credano	abbiano creduto

congiuntivo imperfetto	congiuntivo trapassato
credessi	avessi creduto
credessi	avessi creduto
credesse	avesse creduto
credessimo	avessimo creduto
credeste	aveste creduto
credessero	avessero creduto

imperativo affermativo	imperativo negativo
credi	non credere
creda	non creda
crediamo	non crediamo
credete	non credete
credano	non credano

participio presente	participio passato
credente	creduto

gerundio	
credendo	

20 dare (geben)

presente	passato prossimo
do	ho dato
dai	hai dato
dà	ha dato
diamo	abbiamo dato
date	avete dato
danno	hanno dato

imperfetto	trapassato prossimo
davo	avevo dato
davi	avevi dato
dava	aveva dato
davamo	avevamo dato
davate	avevate dato
davano	avevano dato

passato remoto	trapassato remoto
diedi/detti	ebbi dato
deste	avesti dato
diede/dette	ebbe dato
demmo	avemmo dato
deste	aveste dato
diedero/dettero	ebbero dato

futuro semplice	futuro anteriore
darò	avrò dato
darai	avrai dato
darà	avrà dato
daremo	avremo dato
darete	avrete dato
daranno	avranno dato

condizionale semplice	condizionale composto
darei	avrei dato
daresti	avresti dato
darebbe	avrebbe dato
daremmo	avremmo dato
dareste	avreste dato
darebbero	avrebbero dato

congiuntivo presente	congiuntivo passato
dia	abbia dato
dia	abbia dato
dia	abbia dato
diamo	abbiamo dato
diate	abbiate dato
diano	abbiano dato

congiuntivo imperfetto	congiuntivo trapassato
dessi	avessi dato
dessi	avessi dato
desse	avesse dato
dessimo	avessimo dato
deste	aveste dato
dessero	avessero dato

imperativo affermativo	imperativo negativo
da'/da	non dare
dia	non dia
diamo	non diamo
date	non date
diano	non diano

participio presente	participio passato
dante	dato

gerundio	
dando	

21   desiderare (wünschen)

presente	passato prossimo
desidero	ho desiderato
desideri	hai desiderato
desidera	ha desiderato
desideriamo	abbiamo desiderato
desiderate	avete desiderato
desiderano	hanno desiderato

imperfetto	trapassato prossimo
desideravo	avevo desiderato
desideravi	avevi desiderato
desiderava	aveva desiderato
desideravamo	avevamo desiderato
desideravate	avevate desiderato
desideravano	avevano desiderato

passato remoto	trapassato remoto
desiderai	ebbi desiderato
desiderasti	avesti desiderato
desiderò	ebbe desiderato
desiderammo	avemmo desiderato
desideraste	aveste desiderato
desiderarono	ebbero desiderato

futuro semplice	futuro anteriore
desidererò	avrò desiderato
desidererai	avrai desiderato
desidererà	avrà desiderato
desidereremo	avremo desiderato
desidererete	avrete desiderato
desidereranno	avranno desiderato

condizionale semplice	condizionale composto
desidererei	avrei desiderato
desidereresti	avresti desiderato
desidererebbe	avrebbe desiderato
desidereremmo	avremmo desiderato
desiderereste	avreste desiderato
desidererebbero	avrebbero desiderato

congiuntivo presente	congiuntivo passato
desideri	abbia desiderato
desideri	abbia desiderato
desideri	abbia desiderato
desideriamo	abbiamo desiderato
desideriate	abbiate desiderato
desiderino	abbiano desiderato

congiuntivo imperfetto	congiuntivo trapassato
desiderassi	avessi desiderato
desiderassi	avessi desiderato
desiderasse	avesse desiderato
desiderassimo	avessimo desiderato
desideraste	aveste desiderato
desiderassero	avessero desiderato

imperativo affermativo	imperativo negativo
desidera	non desiderare
desideri	non desideri
desideriamo	non desideriamo
desiderate	non desiderate
desiderino	non desiderino

participio presente	participio passato
desiderante	desiderato

gerundio	
desiderano	

22   dimenticare (vergessen)

presente	passato prossimo
dimentico	ho dimenticato
dimentichi	hai dimenticato
dimentica	ha dimenticato
dimentichiamo	abbiamo dimenticato
dimenticate	avete dimenticato
dimenticano	hanno dimenticato

imperfetto	trapassato prossimo
dimenticavo	avevo dimenticato
dimenticavi	avevi dimenticato
dimenticava	aveva dimenticato
dimenticavamo	avevamo dimenticato
dimenticavate	avevate dimenticato
dimenticavano	avevano dimenticato

passato remoto	trapassato remoto
dimenticai	ebbi dimenticato
dimenticasti	avesti dimenticato
dimenticò	ebbe dimenticato
dimenticammo	avemmo dimenticato
dimenticaste	aveste dimenticato
dimenticarono	ebbero dimenticato

futuro semplice	futuro anteriore
dimenticherò	avrò dimenticato
dimenticherai	avrai dimenticato
dimenticherà	avrà dimenticato
dimenticheremo	avremo dimenticato
dimenticherete	avrete dimenticato
dimenticheranno	avranno dimenticato

condizionale semplice	condizionale composto
dimenticherei	avrei dimenticato
dimenticheresti	avresti dimenticato
dimenticherebbe	avrebbe dimenticato
dimenticheremmo	avremmo dimenticato
dimentichereste	avreste dimenticato
dimenticherebbero	avrebbero dimenticato

congiuntivo presente	congiuntivo passato
dimentichi	abbia dimenticato
dimentichi	abbia dimenticato
dimentichi	abbia dimenticato
dimentichiamo	abbiamo dimenticato
dimentichiate	abbiate dimenticato
dimentichino	abbiano dimenticato

congiuntivo imperfetto	congiuntivo trapassato
dimenticassi	avessi dimenticato
dimenticassi	avessi dimenticato
dimenticasse	avesse dimenticato
dimenticassimo	avessimo dimenticato
dimenticaste	aveste dimenticato
dimenticassero	avessero dimenticato

imperativo affermativo	imperativo negativo
dimentica	non dimenticare
dimentichi	non dimentichi
dimentichiamo	non dimentichiamo
dimenticate	non dimenticate
dimentichino	non dimentichino

participio presente	participio passato
dimenticante	dimenticato

gerundio	
dimenticando	

23 dire (sagen)

presente	passato prossimo
dico	ho detto
dici	hai detto
dice	ha detto
diciamo	abbiamo detto
dite	avete detto
dicono	hanno detto

imperfetto	trapassato prossimo
dicevo	avevo detto
dicevi	avevi detto
diceva	aveva detto
dicevamo	avevamo detto
dicevate	avevate detto
dicevano	avevano detto

passato remoto	trapassato remoto
dissi	ebbi detto
dicesti	avesti detto
disse	ebbe detto
dicemmo	avemmo detto
diceste	aveste detto
dissero	ebbero detto

futuro semplice	futuro anteriore
dirò	avrò detto
dirai	avrai detto
dirà	avrà detto
diremo	avremo detto
direte	avrete detto
diranno	avranno detto

condizionale semplice	condizionale composto
direi	avrei detto
diresti	avresti detto
direbbe	avrebbe detto
diremmo	avremmo detto
direste	avreste detto
direbbero	avrebbero detto

congiuntivo presente	congiuntivo passato
dica	abbia detto
dica	abbia detto
dica	abbia detto
diciamo	abbiamo detto
diciate	abbiate detto
dicano	abbiano detto

congiuntivo imperfetto	congiuntivo trapassato
dicessi	avessi detto
dicessi	avessi detto
dicesse	avesse detto
dicessimo	avessimo detto
diceste	aveste detto
dicessero	avessero detto

imperativo affermativo	imperativo negativo
di'	non dire
dica	non dica
diciamo	non diciamo
dite	non dite
dicano	non dicano

participio presente	participio passato
dicente	detto

gerundio	
dicendo	

24 dormire (schlafen)

presente	passato prossimo
dormo	ho dormito
dormi	hai dormito
dorme	ha dormito
dormiamo	abbiamo dormito
dormite	avete dormito
dormono	hanno dormito

imperfetto	trapassato prossimo
dormivo	avevo dormito
dormivi	avevi dormito
dormiva	aveva dormito
dormivamo	avevamo dormito
dormivate	avevate dormito
dormivano	avevano dormito

passato remoto	trapassato remoto
dormii	ebbi dormito
dormisti	avesti dormito
dormì	ebbe dormito
dormimmo	avemmo dormito
dormiste	aveste dormito
dormirono	ebbero dormito

futuro semplice	futuro anteriore
dormirò	avrò dormito
dormirai	avrai dormito
dormirà	avrà dormito
dormiremo	avremo dormito
dormirete	avrete dormito
dormiranno	avranno dormito

condizionale semplice	condizionale composto
dormirei	avrei dormito
dormiresti	avresti dormito
dormirebbe	avrebbe dormito
dormiremmo	avremmo dormito
dormireste	avreste dormito
dormirebbero	avrebbero dormito

congiuntivo presente	congiuntivo passato
dorma	abbia dormito
dorma	abbia dormito
dorma	abbia dormito
dormiamo	abbiamo dormito
dormiate	abbiate dormito
dormano	abbiano dormito

congiuntivo imperfetto	congiuntivo trapassato
dormissi	avessi dormito
dormissi	avessi dormito
dormisse	avesse dormito
dormissimo	avessimo dormito
dormiste	aveste dormito
dormissero	avessero dormito

imperativo affermativo	imperativo negativo
dormi	non dormire
dorma	non dorma
dormiamo	non dormiamo
dormite	non dormite
dormano	non dormano

participio presente	participio passato
dormente	dormito

gerundio	
dormendo	

25   dovere (müssen, sollen)

presente	passato prossimo
devo	ho dovuto
devi	hai dovuto
deve	ha dovuto
dobbiamo	abbiamo dovuto
dovete	avete dovuto
devono	hanno dovuto

imperfetto	trapassato prossimo
dovevo	avevo detto
dovevi	avevi detto
doveva	aveva detto
dovevamo	avevamo detto
dovevate	avevate detto
dovevano	avevano detto

passato remoto	trapassato remoto
dovetti	ebbi dovuto
dovesti	avesti dovuto
dovette	ebbe dovuto
dovemmo	avemmo dovuto
doveste	aveste dovuto
dovettero	ebbero dovuto

futuro semplice	futuro anteriore
dovrò	avrò dovuto
dovrai	avrai dovuto
dovrà	avrà dovuto
dovremo	avremo dovuto
dovrete	avrete dovuto
dovranno	avranno dovuto

condizionale semplice	condizionale composto
dovrei	avrei dovuto
dovresti	avresti dovuto
dovrebbe	avrebbe dovuto
dovremmo	avremmo dovuto
dovreste	avreste dovuto
dovrebbero	avrebbero dovuto

congiuntivo presente	congiuntivo passato
deva/debba	ebbi dovuto
deva/debba	avesti dovuto
deva/debba	ebbe dovuto
dobbiamo	avemmo dovuto
dobbiate	aveste dovuto
devano	ebbero dovuto

congiuntivo imperfetto	congiuntivo trapassato
dovessi	avessi dovuto
dovessi	avessi dovuto
dovesse	avesse dovuto
dovessimo	avessimo dovuto
doveste	aveste dovuto
dovessero	avessero dovuto

imperativo affermativo	imperativo negativo
-	-
-	-
-	-
-	-
-	-

participio presente	participio passato
-	dovuto

gerundio	
dovendo	

26   essere (sein)

presente	passato prossimo
sono	sono stato/a
sei	sei stato/a
è	è stato/a
siamo	siamo stati/e
siete	siete stati/e
sono	sono stati/e

imperfetto	trapassato prossimo
ero	ero stato/a
eri	eri stato/a
era	era stato/a
eravamo	eravamo stati/e
eravate	eravate stati/e
erano	erano stati/e

passato remoto	trapassato remoto
fui	fui stato/a
fosti	fosti stato/a
fu	fu stato/a
fummo	fummo stati/e
foste	foste stati/e
furono	furono stati/e

futuro semplice	futuro anteriore
sarò	sarò stato/a
sarai	sarai stato/a
sarà	sarà stato/a
saremo	saremo stati/e
sarete	sarete stati/e
saranno	saranno stati/e

condizionale semplice	condizionale composto
sarei	sarei stato/a
saresti	saresti stato/a
sarebbe	sarebbe stato/a
saremmo	saremmo stati/e
sareste	sareste stati/e
sarebbero	sarebbero stati/e

congiuntivo presente	congiuntivo passato
sia	sia stato/a
sia	sia stato/a
sia	sia stato/a
siamo	siamo stati/e
siate	siate stati/e
siano	siano stati/e

congiuntivo imperfetto	congiuntivo trapassato
fossi	fossi stato/a
fossi	fossi stato/a
fosse	fosse stato/a
fossimo	fossimo stati/e
foste	foste stati/e
fossero	fossero stati/e

imperativo affermativo	imperativo negativo
sii	non essere
sia	non sia
siamo	non siamo
siate	non siate
siano	non siano

participio presente	participio passato
essente	stato

gerundio	
essendo	

27 fare (machen)

presente	passato prossimo
faccio	ho fatto
fai	fai fatto
fa	ha fatto
facciamo	abbiamo fatto
fate	avete fatto
fanno	hanno fatto

imperfetto	trapassato prossimo
facevo	avevo fatto
facevi	avevi fatto
faceva	aveva fatto
facevamo	avevamo fatto
facevate	avevate fatto
facevano	avevano fatto

passato remoto	trapassato remoto
feci	ebbi fatto
facesti	avesti fatto
fece	ebbe fatto
facemmo	avemmo fatto
faceste	aveste fatto
fecero	ebbero fatto

futuro semplice	futuro anteriore
farò	avrò fatto
farai	avrai fatto
farà	avrà fatto
faremo	avremo fatto
farete	avrete fatto
faranno	avranno fatto

condizionale semplice	condizionale composto
farei	avrei fatto
faresti	avresti fatto
farebbe	avrebbe fatto
faremmo	avremmo fatto
fareste	avreste fatto
farebbero	avrebbero fatto

congiuntivo presente	congiuntivo passato
faccia	abbia fatto
faccia	abbia fatto
faccia	abbia fatto
facciamo	abbiamo fatto
facciate	abbiate fatto
fanno	abbiano fatto

congiuntivo imperfetto	congiuntivo trapassato
facessi	avessi fatto
facessi	avessi fatto
facesse	avessi fatto
facessimo	avessimo fatto
faceste	aveste fatto
facessero	avessero fatto

imperativo affermativo	imperativo negativo
fa'/fai	non fare
faccia	non faccia
facciamo	non facciamo
fate	non fate
facciano	non facciano

participio presente	participio passato
facente	fatto

gerundio	
facendo	

28   finire (beenden)

presente	passato prossimo
finisco	ho finito
finisci	hai finito
finisce	ha finito
finiamo	abbiamo finito
finite	avete finito
finiscono	hanno finito

imperfetto	trapassato prossimo
finivo	avevo finito
finivi	avevi finito
finiva	aveva finito
finivamo	avevamo finito
finivate	avevate finito
finivano	avevano finito

passato remoto	trapassato remoto
finii	ebbi finito
finisti	avesti finito
finì	ebbi finito
finimmo	avemmo finito
finiste	aveste finito
finirono	ebbero finito

futuro semplice	futuro anteriore
finirò	avrò finito
finirai	avrai finito
finirà	avrà finito
finiremo	avremo finito
finirete	avrete finito
finiranno	avranno finito

condizionale semplice	condizionale composto
finirei	avrei finito
finiresti	avresti finito
finirebbe	avrebbe finito
finiremmo	avremmo finito
finireste	avreste finito
finirebbero	avrebbero finito

congiuntivo presente	congiuntivo passato
finisca	abbia finito
finisca	abbia finito
finisca	abbia finito
finiamo	abbiamo finito
finiate	abbiate finito
finiscano	abbiano finito

congiuntivo imperfetto	congiuntivo trapassato
finissi	avessi finito
finissi	avessi finito
finisse	avesse finito
finissimo	avessimo finito
finiste	aveste finito
finissero	avessero finito

imperativo affermativo	imperativo negativo
finisci	non finire
finisca	non finisca
finiamo	non finiamo
finite	non finite
finiscano	non finiscano

participio presente	participio passato
finente	finito

gerundio	
finendo	

29   guardare (ansehen)

presente	passato prossimo
guardo	ho guardato
guardi	hai guardato
guarda	ha guardato
guardiamo	abbiamo guardato
guardate	avete guardato
guardano	hanno guardato

imperfetto	trapassato prossimo
guardavo	avevo guardato
guardavi	avevi guardato
guardava	aveva guardato
guardavamo	avevamo guardato
guardavate	avevate guardato
guardavano	avevano guardato

passato remoto	trapassato remoto
guardai	ebbi guardato
guardasti	avesti guardato
guardò	ebbe guardato
guardammo	avemmo guardato
guardaste	aveste guardato
guardarono	ebbero guardato

futuro semplice	futuro anteriore
guarderò	avrò guardato
guarderai	avrai guardato
guarderà	avrà guardato
guarderemo	avremo guardato
guarderete	avrete guardato
guarderanno	avranno guardato

condizionale semplice	condizionale composto
guarderei	avrei guardato
guarderesti	avresti guardato
guarderebbe	avrebbe guardato
guarderemmo	avremmo guardato
guardereste	avreste guardato
guarderebbero	avrebbero guardato

congiuntivo presente	congiuntivo passato
guardi	abbia guardato
guardi	abbia guardato
guardi	abbia guardato
guardiamo	abbiamo guardato
guardiate	abbiate guardato
guardino	abbiano guardato

congiuntivo imperfetto	congiuntivo trapassato
guardassi	avessi guardato
guardassi	avessi guardato
guardasse	avesse guardato
guardassimo	avessimo guardato
guardaste	aveste guardato
guardassero	avessero guardato

imperativo affermativo	imperativo negativo
guarda	non guardare
guardi	non guardi
guardiamo	non guardiamo
guardate	non guardate
guardino	non guardino

participio presente	participio passato
guardante	guardato

gerundio	
guardando	

30   incontrarsi (sich treffen)

presente	passato prossimo
mi incontro	mi sono incontrato/a
ti incontri	ti sei incontrato/a
si incontra	si è incontrato/a
ci incontriamo	ci siamo incontrati/e
vi incontrate	vi siete incontrati/e
si incontrano	si sono incontrati/e

imperfetto	trapassato prossimo
mi incontravo	mi ero incontrato/a
ti incontravi	ti eri incontrato/a
si incontrava	si era incontrato/a
ci incontravamo	ci eravamo incontrati/e
vi incontravate	vi eravate incontrati/e
si incontravano	si erano incontrati/e

passato remoto	trapassato remoto
mi incontrai	mi fui incontrato/a
ti incontrasti	ti fosti incontrato/a
si incontrò	si fu incontrato/a
ci incontrammo	ci fummo incontrati/e
vi incontraste	vi foste incontrati/e
si incontrarono	si furono incontrati/e

futuro semplice	futuro anteriore
mi incontrerò	mi sarò incontrato/a
ti incontrerai	ti sarai incontrato/a
si incontrerà	si sarà incontrato/a
ci incontreremo	ci saremo incontrati/e
vi incontrerete	vi sarete incontrati/e
si incontreranno	si saranno incontrati/e

condizionale semplice	condizionale composto
mi incontrerei	mi sarei incontrato/a
ti incontreresti	ti saresti incontrato/a
si incontrerebbe	si sarebbe incontrato/a
ci incontreremmo	ci saremmo incontrati/e
vi incontrereste	vi sarete incontrati/e
si incontrerebbero	si sarebbero incontrati/e

congiuntivo presente	congiuntivo passato
incontri	mi sia incontrato/a
incontri	ti sia incontrato/a
incontri	si sia incontrato/a
incontriamo	ci siamo incontrati/e
incontriate	vi siate incontrati/e
incontrino	si siano incontrati/e

congiuntivo imperfetto	congiuntivo trapassato
mi incontrassi	mi fossi incontrato/a
ti incontrassi	ti fossi incontrato/a
si incontrasse	si fosse incontrato/a
ci incontrassimo	ci fossimo incontrati/e
vi incontraste	vi foste incontrati/e
si incontrassero	si fossero incontrati/e

imperativo affermativo	imperativo negativo
incontrati	non incontrarsi
si incontri	non si incontri
incontriamoci	non incontriamoci
incontratevi	non incontratevi
si incontrino	non si incontrino

participio presente	participio passato
incontrantesi	incontratosi

gerundio	
incontrandosi	

31   lasciare (lassen)

presente	passato prossimo
lascio	ho lasciato
lasci	hai lasciato
lascia	ha lasciato
lasciamo	abbiamo lasciato
lasciate	avete lasciato
lasciano	hanno lasciato

imperfetto	trapassato prossimo
lasciavo	avevo lasciato
lasciavi	avevi lasciato
lasciava	aveva lasciato
lasciavamo	avevamo lasciato
lasciavate	avevate lasciato
lasciavano	avevano lasciato

passato remoto	trapassato remoto
lasciai	ebbi lasciato
lasciasti	avesti lasciato
lasciò	ebbe lasciato
lasciammo	avemmo lasciato
lasciaste	aveste lasciato
lasciarono	ebbero lasciato

futuro semplice	futuro anteriore
lascerò	avrò lasciato
lascerai	avrai lasciato
lascerà	avrà lasciato
lasceremo	avremo lasciato
lascerete	avrete lasciato
lasceranno	avranno lasciato

condizionale semplice	condizionale composto
lascerei	avrei lasciato
lasceresti	avresti lasciato
lascerebbe	avrebbe lasciato
lasceremmo	avremmo lasciato
lascereste	avreste lasciato
lascerebbero	avrebbero lasciato

congiuntivo presente	congiuntivo passato
lasci	abbia lasciato
lasci	abbia lasciato
lasci	abbia lasciato
lasciamo	abbiamo lasciato
lasciate	abbiate lasciato
lascino	abbiano lasciato

congiuntivo imperfetto	congiuntivo trapassato
lasciassi	avessi lasciato
lasciassi	avessi lasciato
lasciasse	avesse lasciato
lasciassimo	avessimo lasciato
lasciaste	aveste lasciato
lasciassero	avessero lasciato

imperativo affermativo	imperativo negativo
lascia	non lasciare
lasci	non lasci
lasciamo	non lasciamo
lasciate	non lasciate
lascino	non lascino

participio presente	participio passato
lasciante	lasciato

gerundio	
lasciando	

32   lavare (waschen)

presente	passato prossimo
lavo	ho lavato
lavi	hai lavato
lava	ha lavato
laviamo	abbiamo lavato
lavate	avete lavato
lavano	hanno lavato

imperfetto	trapassato prossimo
lavavo	avevo lavato
lavavi	avevi lavato
lavava	aveva lavato
lavavamo	avevamo lavato
lavavate	avevate lavato
lavavano	avevano lavato

passato remoto	trapassato remoto
lavai	ebbi lavato
lavasti	avesti lavato
lavò	ebbe lavato
lavammo	avemmo lavato
lavaste	aveste lavato
lavarono	ebbero lavato

futuro semplice	futuro anteriore
laverò	avrò lavato
laverai	avrai lavato
laverà	avrà lavato
laveremo	avremo lavato
laverete	avrete lavato
laveranno	avranno lavato

condizionale semplice	condizionale composto
laverei	avrei lavato
laveresti	avresti lavato
laverebbe	avrebbe lavato
laveremmo	avremmo lavato
lavereste	avreste lavato
laverebbero	avrebbero lavato

congiuntivo presente	congiuntivo passato
lavi	abbia lavato
lavi	abbia lavato
lavi	abbia lavato
laviamo	abbiamo lavato
laviate	abbiate lavato
lavino	abbiano lavato

congiuntivo imperfetto	congiuntivo trapassato
lavassi	avessi lavato
lavassi	avessi lavato
lavasse	avesse lavato
lavassimo	avessimo lavato
lavaste	aveste lavato
lavassero	avessero lavato

imperativo affermativo	imperativo negativo
lava	non lavare
lavi	non lavi
laviamo	non laviamo
lavate	non lavate
lavino	non lavino

participio presente	participio passato
lavante	lavato

gerundio	
lavando	

33 lavorare (arbeiten)

presente	passato prossimo
lavoro	ho lavorato
lavori	hai lavorato
lavora	ha lavorato
lavoriamo	abbiamo lavorato
lavorate	avete lavorato
lavorano	hanno lavorato

imperfetto	trapassato prossimo
lavoravo	avevo lavorato
lavoravi	avevi lavorato
lavorava	aveva lavorato
lavoravamo	avevamo lavorato
lavoravate	avevate lavorato
lavoravano	avevano lavorato

passato remoto	trapassato remoto
lavorai	ebbi lavato
lavorasti	avesti lavato
lavorò	ebbe lavato
lavorammo	avemmo lavato
lavoraste	aveste lavato
lavorarono	ebbero lavato

futuro semplice	futuro anteriore
lavorerò	avrò lavorato
lavorerai	avrai lavorato
lavorerà	avrà lavorato
lavoreremo	avremo lavorato
lavorerete	avrete lavorato
lavoreranno	avranno lavorato

condizionale semplice	condizionale composto
lavorerei	avrei lavorato
lavoreresti	avresti lavorato
lavorerebbe	avrebbe lavorato
lavoreremmo	avremmo lavorato
lavorereste	avreste lavorato
lavorerebbero	avrebbero lavorato

congiuntivo presente	congiuntivo passato
lavori	abbia lavato
lavori	abbia lavato
lavori	abbia lavato
lavoriamo	abbiamo lavato
lavoriate	abbiate lavato
lavorino	abbiano lavato

congiuntivo imperfetto	congiuntivo trapassato
lavorassi	avessi I lavato
lavorassi	avessi lavato
lavorasse	avesse lavato
lavorassimo	avessimo lavato
lavoraste	aveste lavato
lavorassero	avessero lavato

imperativo affermativo	imperativo negativo
lavora	non lavorare
lavori	non lavori
lavoriamo	non lavoriamo
lavorate	non lavorate
lavorino	non lavorino

participio presente	participio passato
lavorante	lavato

gerundio	
lavorando	

34   leggere (lesen)

presente	passato prossimo
leggo	ho letto
leggi	hai letto
legge	ha letto
leggiamo	abbiamo letto
leggete	avete letto
leggono	hanno letto

imperfetto	trapassato prossimo
leggevo	avevo letto
leggevi	avevi letto
leggeva	aveva letto
leggevamo	avevamo letto
leggevate	avevate letto
leggevano	avevano letto

passato remoto	trapassato remoto
lessi	ebbi letto
leggesti	avesti letto
lesse	ebbe letto
leggemmo	avemmo letto
leggeste	aveste letto
lessero	ebbero letto

futuro semplice	futuro anteriore
leggerò	avrò letto
leggerai	avrai letto
leggerà	avrà letto
leggeremo	avremo letto
leggerete	avrete letto
leggeranno	avranno letto

condizionale semplice	condizionale composto
leggerei	avrei letto
leggeresti	avresti letto
leggerebbe	avrebbe letto
leggeremmo	avremmo letto
leggereste	avreste letto
leggerebbero	avrebbero letto

congiuntivo presente	congiuntivo passato
legga	abbia letto
legga	abbia letto
legga	abbia letto
leggiamo	abbiamo letto
leggiate	abbiate letto
leggano	abbiano letto

congiuntivo imperfetto	congiuntivo trapassato
leggessi	avessi letto
leggessi	avessi letto
leggesse	avesse letto
leggessimo	avessimo letto
leggeste	aveste letto
leggessero	avessero letto

imperativo affermativo	imperativo negativo
leggi	non leggere
legga	non legga
leggiamo	non leggiamo
leggete	non leggete
leggano	non leggano

participio presente	participio passato
leggente	letto

gerundio	
leggendo	

35   mangiare (essen)

presente	passato prossimo
mangio	ho mangiato
mangi	hai mangiato
mangia	ha mangiato
mangiamo	abbiamo mangiato
mangiate	avete mangiato
mangiano	hanno mangiato

imperfetto	trapassato prossimo
mangiavo	avevo mangiato
mangiavi	avevi mangiato
mangiava	aveva mangiato
mangiavamo	avevamo mangiato
mangiavate	avevate mangiato
mangiavano	avevano mangiato

passato remoto	trapassato remoto
mangiai	ebbi mangiato
mangiasti	avesti mangiato
mangiò	ebbe mangiato
mangiammo	avemmo mangiato
mangiaste	aveste mangiato
mangiarono	ebbero mangiato

futuro semplice	futuro anteriore
mangerò	avrò mangiato
mangerai	avrai mangiato
mangerà	avrà mangiato
mangeremo	avremo mangiato
mangerete	avrete mangiato
mangeranno	avranno mangiato

condizionale semplice	condizionale composto
mangerei	avrei mangiato
mangeresti	avresti mangiato
mangerebbe	avrebbe mangiato
mangeremmo	avremmo mangiato
mangereste	avreste mangiato
mangerebbero	avrebbero

congiuntivo presente	congiuntivo passato
mangi	abbia mangiato
mangi	abbia mangiato
mangi	abbia mangiato
mangiamo	abbiamo mangiato
mangiate	abbiate mangiato
mangino	abbiano mangiato

congiuntivo imperfetto	congiuntivo trapassato
mangiassi	avessi mangiato
mangiassi	avessi mangiato
mangiasse	avesse mangiato
mangiassimo	avessimo mangiato
mangiaste	aveste mangiato
mangiassero	avessero mangiato

imperativo affermativo	imperativo negativo
mangia	non mangiare
mangi	non mangi
mangiamo	non mangiamo
mangiate	non mangiate
mangino	non mangino

participio presente	participio passato
mangiante	mangiato

gerundio	
mangiando	

36   mettere (setzen, stellen, legen)

presente	passato prossimo
metto	ho messo
metti	hai messo
mette	ha messo
mettiamo	abbiamo messo
mettete	avete messo
mettono	hanno messo

imperfetto	trapassato prossimo
mettevo	avevo messo
mettevi	avevi messo
metteva	aveva messo
mettevamo	avevamo messo
mettevate	avevate messo
mettevano	avevano messo

passato remoto	trapassato remoto
misi	ebbi messo
mettesti	avesti messo
mise	ebbe messo
mettemmo	avemmo messo
metteste	aveste messo
misero	ebbero messo

futuro semplice	futuro anteriore
metterò	avrò messo
metterai	avrai messo
metterà	avrà messo
metteremo	avremo messo
metterete	avrete messo
metteranno	avranno messo

condizionale semplice	condizionale composto
metterei	avrei messo
metteresti	avresti messo
metterebbe	avrebbe messo
metteremmo	avremmo messo
mettereste	avreste messo
metterebbero	avrebbero messo

congiuntivo presente	congiuntivo passato
metta	abbia messo
metta	abbia messo
metta	abbia messo
mettiamo	abbiamo messo
mettiate	abbiate messo
mettano	abbiano messo

congiuntivo imperfetto	congiuntivo trapassato
mettessi	avessi messo
mettessi	avessi messo
mettesse	avesse messo
mettessimo	avessimo messo
metteste	aveste messo
mettessero	avessero messo

imperativo affermativo	imperativo negativo
metti	non mettere
metta	non metta
mettiamo	non mettiamo
mettete	non mettete
mettano	non mettano

participio presente	participio passato
mettente	messo

gerundio	
mettendo	

37 offrire (anbieten)

presente	passato prossimo
offro	ho offerto
offri	hai offerto
offre	ha offerto
offriamo	abbiamo offerto
offrite	avete offerto
offrono	hanno offerto

imperfetto	trapassato prossimo
offrivo	avevo offerto
offrivi	avevi offerto
offriva	aveva offerto
offrivamo	avevamo offerto
offrivate	avevate offerto
offrivano	avevano offerto

passato remoto	trapassato remoto
offrii	ebbi offerto
offristi	avesti offerto
offrì	ebbe offerto
offrimmo	avemmo offerto
offriste	aveste offerto
offrirono	ebbero offerto

futuro semplice	futuro anteriore
offrirò	avrò offerto
offrirai	avrai offerto
offrirà	avrà offerto
offriremo	avremo offerto
offrirete	avrete offerto
offriranno	avranno offerto

condizionale semplice	condizionale composto
offrirei	avrei offerto
offriresti	avresti offerto
offrirebbe	avrebbe offerto
offriremmo	avremmo offerto
offrireste	avreste offerto
offrirebbero	avrebbero offerto

congiuntivo presente	congiuntivo passato
offra	abbia offerto
offra	abbia offerto
offra	abbia offerto
offriamo	abbiamo offerto
offriate	abbiate offerto
offrano	abbiano offerto

congiuntivo imperfetto	congiuntivo trapassato
offrissi	avessi offerto
offrissi	avessi offerto
offrisse	avesse offerto
offrissimo	avessimo offerto
offriste	aveste offerto
offrissero	avessero offerto

imperativo affermativo	imperativo negativo
offri	non offrire
offra	non offra
offriamo	non offriamo
offrite	non offrite
offrano	non offrano

participio presente	participio passato
offrente	offerto

gerundio	
offrendo	

38   pagare (zahlen)

presente	passato prossimo
pago	ho pagato
paghi	hai pagato
paga	ha pagato
paghiamo	abbiamo pagato
pagate	avete pagato
pagano	hanno pagato

imperfetto	trapassato prossimo
pagavo	avevo pagato
pagavi	avevi pagato
pagava	aveva pagato
pagavamo	avevamo pagato
pagavate	avevate pagato
pagavano	avevano pagato

passato remoto	trapassato remoto
pagai	ebbi pagato
pagasti	avesti pagato
pagò	ebbe pagato
pagammo	avemmo pagato
pagaste	aveste pagato
pagarono	ebbero pagato

futuro semplice	futuro anteriore
pagherò	avrò pagato
pagherai	avrai pagato
pagherà	avrà pagato
pagheremo	avremo pagato
pagherete	avrete pagato
pagheranno	avranno pagato

condizionale semplice	condizionale composto
pagherei	avrei pagato
pagheresti	avresti pagato
pagherebbe	avrebbe pagato
pagheremmo	avremmo pagato
paghereste	avreste pagato
pagherebbero	avrebbero pagato

congiuntivo presente	congiuntivo passato
paghi	abbia pagato
paghi	abbia pagato
paghi	abbia pagato
paghiamo	abbiamo pagato
paghiate	abbiate pagato
paghino	abbiano pagato

congiuntivo imperfetto	congiuntivo trapassato
pagassi	avessi pagato
pagassi	avessi pagato
pagasse	avesse pagato
pagassimo	avessimo pagato
pagaste	aveste pagato
pagassero	avessero pagato

imperativo affermativo	imperativo negativo
paga	non pagare
paghi	non paghi
paghiamo	non paghiamo
pagate	non pagate
paghino	non paghino

participio presente	participio passato
pagante	pagato

gerundio	
pagando	

39   parlare (sprechen)

presente	passato prossimo
parlo	ho parlato
parli	hai parlato
parla	ha parlato
parliamo	abbiamo parlato
parlate	avete parlato
parlano	hanno parlato

imperfetto	trapassato prossimo
parlavo	avevo parlato
parlavi	avevi parlato
parlava	aveva parlato
parlavamo	avevamo parlato
parlavate	avevate parlato
parlavano	avevano parlato

passato remoto	trapassato remoto
parlai	ebbi parlato
parlasti	avesti parlato
parlò	ebbe parlato
parlammo	avemmo parlato
parlaste	aveste parlato
parlarono	ebbero parlato

futuro semplice	futuro anteriore
parlerò	avrò parlato
parlerai	avrai parlato
parlerà	avrà parlato
parleremo	avremo parlato
parlerete	avrete parlato
parleranno	avranno parlato

condizionale semplice	condizionale composto
parlerei	avrei parlato
parleresti	avresti parlato
parlerebbe	avrebbe parlato
parleremmo	avremmo parlato
parlereste	avreste parlato
parlerebbero	avrebbero parlato

congiuntivo presente	congiuntivo passato
parli	abbia parlato
parli	abbia parlato
parli	abbia parlato
parliamo	abbiamo parlato
parliate	abbiate parlato
parlino	abbiano parlato

congiuntivo imperfetto	congiuntivo trapassato
parlassi	avessi parlato
parlassi	avessi parlato
parlasse	avesse parlato
parlassimo	avessimo parlato
parlaste	aveste parlato
parlassero	avessero parlato

imperativo affermativo	imperativo negativo
parla	non parlare
parli	non parli
parliamo	non parliamo
parlate	non parlate
parlino	non parlino

participio presente	participio passato
parlante	parlato

gerundio	
parlando	

40   partire (abfahren)

presente	passato prossimo
parto	sono partito/a
parti	sei partito/a
parte	è partito/a
partiamo	siamo partiti/e
partite	siete partiti/e
partono	sono partiti/e

imperfetto	trapassato prossimo
partivo	ero partito/a
partivi	eri partito/a
partiva	era partito/a
partivamo	eravamo partiti/e
partivate	eravate partiti/e
partivano	erano partiti/e

passato remoto	trapassato remoto
partii	fui partito/a
partisti	fosti partito/a
partì	fu partito/a
partimmo	fummo partito/a
partiste	foste partiti/e
partirono	furono partiti/e

futuro semplice	futuro anteriore
partirò	sarò partito/a
partirai	sarai partito/a
partirà	sarà partito/a
partiremo	saremo partiti/e
partirete	sarete partiti/e
partiranno	saranno partiti/e

condizionale semplice	condizionale composto
partirei	sarei partito/a
partiresti	saresti partito/a
partirebbe	sarebbe partito/a
partiremmo	saremmo partiti/e
partireste	sareste partiti/e
partirebbero	sarebbero partiti/e

congiuntivo presente	congiuntivo passato
parta	sia partito/a
parta	sia partito/a
parta	sia partito/a
partiamo	siamo partiti/e
partiate	siate partiti/e
partano	siano partiti/e

congiuntivo imperfetto	congiuntivo trapassato
partissi	fossi partito/a
partissi	fossi partito/a
partisse	fosse partito/a
partissimo	fossimo partiti/e
partiste	foste partiti/e
partissero	fossero partiti/e

imperativo affermativo	imperativo negativo
parti	non partire
parta	non parta
partiamo	non partiamo
partite	non partite
partano	non partano

participio presente	participio passato
partente	partito

gerundio	
partendo	

41   perdere (verlieren)

presente	passato prossimo
perdo	ho perso
perdi	hai perso
perde	ha perso
perdiamo	abbiamo perso
perdete	avete perso
perdono	hanno perso

imperfetto	trapassato prossimo
perdevo	avevo perso
perdevi	avevi perso
perdeva	aveva perso
perdevamo	avevamo perso
perdevate	avevate perso
perdevano	avevano perso

passato remoto	trapassato remoto
persi/perdei/perdetti	ebbi perso
perdesti	avesti perso
perse/perdé/perdette	ebbe perso
perdemmo	avemmo perso
perdeste	aveste perso
persero/perderono/perdettero	ebbero perso

futuro semplice	futuro anteriore
perderò	avrò perso
perderai	avrai perso
perderà	avrà perso
perderemo	avremo perso
perderete	avrete perso
perderanno	avranno perso

condizionale semplice	condizionale composto
perderei	avrei perso
perderesti	avresti perso
perderebbe	avrebbe perso
perderemmo	avremmo perso
perdereste	avreste perso
perderebbero	avrebbero perso

congiuntivo presente	congiuntivo passato
perda	abbia perso
perda	abbia perso
perda	abbia perso
perdiamo	abbiamo perso
perdiate	abbiate perso
perdano	abbiano perso

congiuntivo imperfetto	congiuntivo trapassato
perdessi	avessi perso
perdessi	avessi perso
perdessi	avesse perso
perdessimo	avessimo perso
perdeste	aveste perso
perdessero	avessero perso

imperativo affermativo	imperativo negativo
perdi	non perdere
perda	non perda
perdiamo	non perdiamo
perdete	non perdete
perdano	non perdano

participio presente	participio passato
perdente	perso

gerundio	
perdendo	

42   portare (bringen, tragen)

presente	passato prossimo
porto	ho portato
porti	hai portato
porta	ha portato
portiamo	abbiamo portato
portate	avete portato
portano	hanno portato

imperfetto	trapassato prossimo
portavo	avevo portato
portavi	avevi portato
portava	aveva portato
portavamo	avevamo portato
portavate	avevate portato
portavano	avevano portato

passato remoto	trapassato remoto
portai	ebbi portato
portasti	avesti portato
portò	ebbe portato
portammo	avemmo portato
portaste	aveste portato
portarono	ebbero portato

futuro semplice	futuro anteriore
porterò	avrò portato
porterai	avrai portato
porterà	avrà portato
porteremo	avremo portato
porterete	avrete portato
porteranno	avranno portato

condizionale semplice	condizionale composto
porterei	avrei portato
porteresti	avresti portato
porterebbe	avrebbe portato
porteremmo	avremmo portato
portereste	avreste portato
porterebbero	avrebbero portato

congiuntivo presente	congiuntivo passato
porti	abbia portato
porti	abbia portato
porti	abbia portato
portiamo	abbiamo portato
portiate	abbiate portato
portino	abbiano portato

congiuntivo imperfetto	congiuntivo trapassato
portassi	avessi portato
portassi	avessi portato
portasse	avesse portato
portassimo	avessimo portato
portaste	aveste portato
portassero	avessero portato

imperativo affermativo	imperativo negativo
porta	non portare
porti	non porti
portiamo	non portiamo
portate	non portate
portino	non portino

participio presente	participio passato
portante	portato

gerundio	
portando	

43   potere (können)

presente	passato prossimo
posso	ho potuto
puoi	hai potuto
può	ha potuto
possiamo	abbiamo potuto
potete	avete potuto
possono	hanno potuto

imperfetto	trapassato prossimo
potevo	avevo potuto
potevi	avevi potuto
poteva	aveva potuto
potevamo	avevamo potuto
potevate	avevate potuto
potevano	avevano potuto

passato remoto	trapassato remoto
potei/potetti	ebbi potuto
potesti	avesti potuto
poté/potette	ebbe potuto
potemmo	avemmo potuto
poteste	aveste potuto
poterono/potettero	ebbero potuto

futuro semplice	futuro anteriore
potrò	avrò potuto
potrai	avrai potuto
potrà	avrà potuto
potremo	avremo potuto
potrete	avrete potuto
potranno	avranno potuto

condizionale semplice	condizionale composto
potrei	avrei potuto
potresti	avresti potuto
potrebbe	avrebbe potuto
potremmo	avremmo potuto
potreste	avreste potuto
potrebbero	avrebbero potuto

congiuntivo presente	congiuntivo passato
possa	abbia potuto
possa	abbia potuto
possa	abbia potuto
possiamo	abbiamo potuto
possiate	abbiate potuto
possano	abbiano potuto

congiuntivo imperfetto	congiuntivo trapassato
potessi	avessi potuto
potessi	avessi potuto
potesse	avesse potuto
potessimo	avessimo potuto
poteste	aveste potuto
potessero	avessero potuto

imperativo affermativo	imperativo negativo
-	-
-	-
-	-
-	-
-	-

participio presente	participio passato
potente	potuto

gerundio	
potendo	

44   preferire (bevorzugen)

presente	passato prossimo
preferisco	ho preferito
preferisci	hai preferito
preferisce	ha preferito
preferiamo	abbiamo preferito
preferite	avete preferito
preferiscono	hanno preferito

imperfetto	trapassato prossimo
preferivo	avevo preferito
preferivi	avevi preferito
preferiva	aveva preferito
preferivamo	avevamo preferito
preferivate	avevate preferito
preferivano	avevano preferito

passato remoto	trapassato remoto
preferii	ebbi preferito
preferisti	avesti preferito
preferì	ebbe preferito
preferimmo	avemmo preferito
preferiste	aveste preferito
preferirono	ebbero preferito

futuro semplice	futuro anteriore
preferirò	avrò preferito
preferirai	avrai preferito
preferirà	avrà preferito
preferiremo	avremo preferito
preferirete	avrete preferito
preferiranno	avranno preferito

condizionale semplice	condizionale composto
preferirei	avrei preferito
preferiresti	avresti preferito
preferirebbe	avrebbe preferito
preferiremmo	avremmo preferito
preferireste	avreste preferito
preferirebbero	avrebbero preferito

congiuntivo presente	congiuntivo passato
preferisca	abbia preferito
preferisca	abbia preferito
preferisca	abbia preferito
preferiamo	abbiamo preferito
preferiate	abbiate preferito
preferiscano	abbiano preferito

congiuntivo imperfetto	congiuntivo trapassato
preferissi	avessi preferito
preferissi	avessi preferito
preferisse	avesse preferito
preferissimo	avessimo preferito
preferiste	aveste preferito
preferissero	avessero preferito

imperativo affermativo	imperativo negativo
preferisci	non preferire
preferisca	non preferisca
preferiamo	non preferiamo
preferite	non preferite
preferiscano	non preferiscano

participio presente	participio passato
preferente	preferito

gerundio	
preferendo	

45   prendere (nehmen)

presente	passato prossimo
prendo	ho preso
prendi	hai preso
prende	ha preso
prendiamo	abbiamo preso
prendete	avete preso
prendono	hanno preso

imperfetto	trapassato prossimo
prendevo	avevo preso
prendevi	avevi preso
prendeva	aveva preso
prendevamo	avevamo preso
prendevate	avevate preso
prendevano	avevano preso

passato remoto	trapassato remoto
presi	ebbi preso
prendesti	avesti preso
prese	ebbe preso
prendemmo	avemmo preso
prendeste	aveste preso
presero	ebbero preso

futuro semplice	futuro anteriore
prenderò	avrò preso
prenderai	avrai preso
prenderà	avrà preso
prenderemo	avremo preso
prenderete	avrete preso
prenderanno	avranno preso

condizionale semplice	condizionale composto
prenderei	avrei preso
prenderesti	avresti preso
prenderebbe	avrebbe preso
prenderemmo	avremmo preso
prendereste	avreste preso
prenderebbero	avrebbero preso

congiuntivo presente	congiuntivo passato
prenda	abbia preso
prenda	abbia preso
prenda	abbia preso
prendiamo	abbiamo preso
prendiate	abbiate preso
prendano	abbiano preso

congiuntivo imperfetto	congiuntivo trapassato
prendessi	avessi preso
prendessi	avessi preso
prendesse	avesse preso
prendessimo	avessimo preso
prendeste	aveste preso
prendessero	avessero preso

imperativo affermativo	imperativo negativo
prendi	non prendere
prenda	non prenda
prendiamo	non prendiamo
prendete	non prendete
prendano	non prendano

participio presente	participio passato
prendente	preso

gerundio	
prendendo	

46 preparare (vorbereiten)

presente	passato prossimo
preparo	ho preparato
prepari	hai preparato
prepara	ha preparato
prepariamo	abbiamo preparato
preparate	avete preparato
preparano	hanno preparato

imperfetto	trapassato prossimo
preparavo	avevo preparato
preparavi	avevi preparato
preparava	aveva preparato
preparavamo	avevamo preparato
preparavate	avevate preparato
preparavano	avevano preparato

passato remoto	trapassato remoto
preparai	ebbi preparato
preparasti	avesti preparato
preparò	ebbe preparato
preparammo	avemmo preparato
preparaste	aveste preparato
prepararono	ebbero preparato

futuro semplice	futuro anteriore
preparerò	avrò preparato
preparerai	avrai preparato
preparerà	avrà preparato
prepareremo	avremo preparato
preparerete	avrete preparato
prepareranno	avranno preparato

condizionale semplice	condizionale composto
preparerei	avrei preparato
prepareresti	avresti preparato
preparerebbe	avrebbe preparato
prepareremmo	avremmo preparato
preparereste	avreste preparato
preparerebbero	avrebbero preparato

congiuntivo presente	congiuntivo passato
prepari	abbia preparato
prepari	abbia preparato
prepari	abbia preparato
prepariamo	abbiamo preparato
prepariate	abbiate preparato
preparino	abbiano preparato

congiuntivo imperfetto	congiuntivo trapassato
preparassi	avessi preparato
preparassi	avessi preparato
preparasse	avesse preparato
preparassimo	avessimo preparato
preparaste	aveste preparato
preparassero	avessero preparato

imperativo affermativo	imperativo negativo
prepara	non preparare
prepari	non prepari
prepariamo	non prepariamo
preparate	non preparate
preparino	non preparino

participio presente	participio passato
preparante	preparato

gerundio	
preparando	

47   ridere (lachen)

presente	passato prossimo
rido	ho riso
ridi	hai riso
ride	ha riso
ridiamo	abbiamo riso
ridete	avete riso
ridono	hanno riso

imperfetto	trapassato prossimo
ridevo	avevo riso
ridevi	avevi riso
rideva	aveva riso
ridevamo	avevamo riso
ridevate	avevate riso
ridevano	avevano riso

passato remoto	trapassato remoto
risi	ebbi riso
ridesti	avesti riso
rise	ebbe riso
ridemmo	avemmo riso
rideste	aveste riso
risero	ebbero riso

futuro semplice	futuro anteriore
riderò	avrò riso
riderai	avrai riso
riderà	avrà riso
rideremo	avremo riso
riderete	avrete riso
rideranno	avranno riso

condizionale semplice	condizionale composto
riderei	avrei riso
rideresti	avresti riso
riderebbe	avrebbe riso
rideremmo	avremmo riso
ridereste	avreste riso
riderebbero	avrebbero riso

congiuntivo presente	congiuntivo passato
rida	abbia riso
rida	abbia riso
rida	abbia riso
ridiamo	abbiamo riso
ridiate	abbiate riso
ridano	abbiano riso

congiuntivo imperfetto	congiuntivo trapassato
ridessi	avessi riso
ridessi	avessi riso
ridesse	avesse riso
ridessimo	avessimo riso
rideste	aveste riso
ridessero	avessero riso

imperativo affermativo	imperativo negativo
ridi	non ridere
rida	non rida
ridiamo	non ridiamo
ridete	non ridete
ridano	non ridano

participio presente	participio passato
ridente	riso

gerundio	
ridendo	

48   salire (einsteigen, hinaufsteigen)

presente	passato prossimo
salgo	sono salito/a
sali	sei salito/a
sale	è salito/a
saliamo	siamo saliti/e
salite	siete saliti/e
salgono	sono saliti/e

imperfetto	trapassato prossimo
salivo	ero salito/a
salivi	eri salito/a
saliva	era salito/a
salivamo	eravamo saliti/e
salivate	eravate saliti/e
salivano	erano saliti/e

passato remoto	trapassato remoto
salii	fui salito/a
salisti	fosti salito/a
salì	fu salito/a
salimmo	fummo saliti/e
saliste	foste saliti/e
salirono	furono saliti/e

futuro semplice	futuro anteriore
salirò	sarò salito/a
salirai	sarai salito/a
salirà	sarà salito/a
saliremo	saremo saliti/e
salirete	sarete saliti/e
saliranno	saranno saliti/e

condizionale semplice	condizionale composto
salirei	sarei salito/a
saliresti	saresti salito/a
salirebbe	sarebbe salito/a
saliremmo	saremmo saliti/e
salireste	sareste saliti/e
salirebbero	sarebbero saliti/e

congiuntivo presente	congiuntivo passato
salga	sia salito/a
salga	sia salito/a
salga	sia salito/a
saliamo	siamo saliti/e
saliate	siate saliti/e
salgano	siano saliti/e

congiuntivo imperfetto	congiuntivo trapassato
salissi	fossi salito/a
salissi	fossi salito/a
salisse	fosse salito/a
salissimo	fossimo saliti/e
saliste	foste saliti/e
salissero	fossero saliti/e

imperativo affermativo	imperativo negativo
sali	non salire
salga	non salga
saliamo	non saliamo
salite	non salite
salgano	non salgano

participio presente	participio passato
salente	salito

gerundio	
salendo	

49 salutare (grüßen)

presente	passato prossimo
saluto	ho salutato
saluti	hai salutato
saluta	ha salutato
salutiamo	abbiamo salutato
salutate	avete salutato
salutano	hanno salutato

imperfetto	trapassato prossimo
salutavo	avevo salutato
salutavi	avevi salutato
salutava	aveva salutato
salutavamo	avevamo salutato
salutavate	avevate salutato
salutavano	avevano salutato

passato remoto	trapassato remoto
salutai	ebbi salutato
salutasti	avesti salutato
salutò	ebbe salutato
salutammo	avemmo salutato
salutaste	aveste salutato
salutarono	ebbero salutato

futuro semplice	futuro anteriore
saluterò	avrò salutato
saluterai	avrai salutato
saluterà	avrà salutato
saluteremo	avremo salutato
saluterete	avrete salutato
saluteranno	avranno salutato

condizionale semplice	condizionale composto
saluterei	avrei salutato
saluteresti	avresti salutato
saluterebbe	avrebbe salutato
saluteremmo	avremmo salutato
salutereste	avreste salutato
saluterebbero	avrebbero salutato

congiuntivo presente	congiuntivo passato
saluti	abbia salutato
saluti	abbia salutato
saluti	abbia salutato
salutiamo	abbiamo salutato
salutiate	abbiate salutato
salutino	abbiano salutato

congiuntivo imperfetto	congiuntivo trapassato
salutassi	avessi salutato
salutassi	avessi salutato
salutasse	avesse salutato
salutassimo	avessimo salutato
salutaste	aveste salutato
salutassero	avessero salutato

imperativo affermativo	imperativo negativo
saluta	non salutare
saluti	non saluti
salutiamo	non salutiamo
salutate	non salutate
salutino	non salutino

participio presente	participio passato
salutante	salutato

gerundio	
salutando	

50   sapere (wissen, können)

presente	passato prossimo
so	ho saputo
sai	hai saputo
sa	ha saputo
sappiamo	abbiamo saputo
sapete	avete saputo
sanno	hanno saputo

imperfetto	trapassato prossimo
sapevo	avevo saputo
sapevi	avevi saputo
sapeva	aveva saputo
sapevamo	avevamo saputo
sapevate	avevate saputo
sapevano	avevano saputo

passato remoto	trapassato remoto
seppi	ebbi saputo
sapesti	avesti saputo
seppe	ebbe saputo
sapemmo	avemmo saputo
sapeste	aveste saputo
seppero	ebbero saputo

futuro semplice	futuro anteriore
saprò	avrò saputo
saprai	avrai saputo
saprà	avrà saputo
sapremo	avremo saputo
saprete	avrete saputo
sapranno	avranno saputo

condizionale semplice	condizionale composto
saprei	avrei saputo
sapresti	avresti saputo
saprebbe	avrebbe saputo
sapremmo	avremmo saputo
sapreste	avreste saputo
saprebbero	avrebbero saputo

congiuntivo presente	congiuntivo passato
sappia	abbia saputo
sappia	abbia saputo
sappia	abbia saputo
sappiamo	abbiamo saputo
sappiate	abbiate saputo
sappiano	abbiano saputo

congiuntivo imperfetto	congiuntivo trapassato
sapessi	avessi saputo
sapessi	avessi saputo
sapesse	avesse saputo
sapessimo	avessimo saputo
sapeste	aveste saputo
sapessero	avessero saputo

imperativo affermativo	imperativo negativo
sappi	non sapere
sappia	non sappia
sappiamo	non sappiamo
sappiate	non sappiate
sappiano	non sappiano

participio presente	participio passato
-	saputo

gerundio	
sapendo	

51   scrivere (schreiben)

presente	passato prossimo
scrivo	ho scritto
scrivi	hai scritto
scrive	ha scritto
scriviamo	abbiamo scritto
scrivete	avete scritto
scrivono	hanno scritto

imperfetto	trapassato prossimo
scrivevo	avevo scritto
scrivevi	avevi scritto
scriveva	aveva scritto
scrivevamo	avevamo scritto
scrivevate	avevate scritto
scrivevano	avevano scritto

passato remoto	trapassato remoto
scrissi	ebbi scritto
scrivesti	avesti scritto
scrisse	ebbe scritto
scrivemmo	avemmo scritto
scriveste	aveste scritto
scrissero	ebbero scritto

futuro semplice	futuro anteriore
scriverò	avrò scritto
scriverai	avrai scritto
scriverà	avrà scritto
scriveremo	avremo scritto
scriverete	avrete scritto
scriveranno	avranno scritto

condizionale semplice	condizionale composto
scriverei	avrei scritto
scriveresti	avresti scritto
scriverebbe	avrebbe scritto
scriveremmo	avremmo scritto
scrivereste	avreste scritto
scriverebbero	avrebbero scritto

congiuntivo presente	congiuntivo passato
scriva	abbia scritto
scriva	abbia scritto
scriva	abbia scritto
scriviamo	abbiamo scritto
scriviate	abbiate scritto
scrivano	abbiano scritto

congiuntivo imperfetto	congiuntivo trapassato
scrivessi	avessi scritto
scrivessi	avessi scritto
scrivesse	avesse scritto
scrivessimo	avessimo scritto
scriveste	aveste scritto
scrivessero	avessero scritto

imperativo affermativo	imperativo negativo
scrivi	non scrivere
scriva	non scriva
scriviamo	non scriviamo
scrivete	non scrivete
scrivano	non scrivano

participio presente	participio passato
scrivente	scritto

gerundio	
scrivendo	

52   sedersi (sich setzen)

presente	passato prossimo
mi siedo	mi sono seduto/a
ti siedi	ti sei seduto/a
si siede	si è seduto/a
ci sediamo	ci siamo seduti/e
vi sedete	vi siete seduti/e
si siedono	si sono seduti/e

imperfetto	trapassato prossimo
mi sedevo	mi ero seduto/a
ti sedevi	ti eri seduto/a
si sedeva	si era seduto/a
ci sedevamo	ci eravamo seduti/e
vi sedevate	vi eravate seduti/e
si sedevano	si erano seduti/e

passato remoto	trapassato remoto
mi sedetti	mi fui seduto/a
ti sedesti	ti fosti seduto/a
si sedette	si fu seduto/a
ci sedemmo	ci fummo seduti/e
vi sedeste	vi foste seduti/e
si sedettero	si furono seduti/e

futuro semplice	futuro anteriore
mi sederò	mi sarò seduto/a
ti sederai	ti sarai seduto/a
si sederà	si sarà seduto/a
ci sederemo	ci saremo seduti/e
vi sederete	vi sarete seduti/e
si sederanno	si saranno seduti/e

condizionale semplice	condizionale composto
mi sederei	mi sarei seduto/a
ti sederesti	ti saresti seduto/a
si sederebbe	si sarebbe seduto/a
ci sederemmo	ci saremmo seduti/e
vi sedereste	vi sarete seduti/e
si sederebbero	si saranno seduti/e

congiuntivo presente	congiuntivo passato
mi sieda	mi sia seduto/a
ti sieda	ti sia seduto/a
si sieda	si sia seduto/a
ci sediamo	ci siamo seduti/e
vi sediate	vi siate seduti/e
si siedano	si siano seduti/e

congiuntivo imperfetto	congiuntivo trapassato
mi sedessi	mi fossi seduto/a
ti sedessi	ti fossi seduto/a
si sedesse	si fosse seduto/a
mi sedessimo	ci fossimo seduti/e
vi sedeste	vi foste seduti/e
si sedessero	si fossero seduti/e

imperativo affermativo	imperativo negativo
siediti	non sederti
si sieda	non si sieda
sediamoci	non sediamoci
sedetevi	non sedetevi
si siedano	non si siedano

participio presente	participio passato
sedente	seduto

gerundio	
sedendo	

53   sentire (hören, fühlen, riechen, schmecken)

presente	passato prossimo
sento	ho sentito
senti	hai sentito
sente	ha sentito
sentiamo	abbiamo sentito
sentite	avete sentito
sentono	hanno sentito

imperfetto	trapassato prossimo
sentivo	avevo sentito
sentivi	avevi sentito
sentiva	aveva sentito
sentivamo	avevamo sentito
sentivate	avevate sentito
sentivano	avevano sentito

passato remoto	trapassato remoto
sentii	ebbi sentito
sentisti	avesti sentito
sentì	ebbe sentito
sentimmo	avemmo sentito
sentiste	aveste sentito
sentirono	ebbero sentito

futuro semplice	futuro anteriore
sentirò	avrò sentito
sentirai	avrai sentito
sentirà	avrà sentito
sentiremo	avremo sentito
sentirete	avrete sentito
sentiranno	avranno sentito

condizionale semplice	condizionale composto
sentirei	avrei sentito
sentiresti	avresti sentito
sentirebbe	avrebbe sentito
sentiremmo	avremmo sentito
sentireste	avreste sentito
sentirebbero	avrebbero sentito

congiuntivo presente	congiuntivo passato
senta	abbia sentito
senta	abbia sentito
senta	abbia sentito
sentiamo	abbiamo sentito
sentiate	abbiate sentito
sentano	abbiano sentito

congiuntivo imperfetto	congiuntivo trapassato
sentissi	avessi sentito
sentissi	avessi sentito
sentisse	avesse sentito
sentissimo	avessimo sentito
sentiste	aveste sentito
sentissero	avessero sentito

imperativo affermativo	imperativo negativo
senti	non sentire
senta	non senta
sentiamo	non sentiamo
sentite	non sentite
sentano	non sentano

participio presente	participio passato
sentente	sentito

gerundio	
sentendo	

54   stare (sich befinden)

presente	passato prossimo
sto	sono stato/a
stai	sei stato/a
sta	è stato/a
stiamo	siamo stati/e
state	siete stati/e
stanno	sono stati/e

imperfetto	trapassato prossimo
stavo	ero stato/a
stavi	eri stato/a
stava	era stato/a
stavamo	eravamo stati/e
stavate	eravate stati/e
stavano	erano stati/e

passato remoto	trapassato remoto
stetti	fui stato/a
stesti	fosti stato/a
stette	fu stato/a
stemmo	fummo stati/e
steste	foste stati/e
stettero	furono stati/e

futuro semplice	futuro anteriore
starò	sarò stato/a
starai	sarai stato/a
starà	sarà stato/a
staremo	saremo stati/e
starete	sarete stati/e
staranno	saranno stati/e

condizionale semplice	condizionale composto
starei	sarei stato/a
staresti	saresti stato/a
starebbe	sarebbe stato/a
staremmo	saremmo stati/e
stareste	sareste stati/e
starebbero	sarebbero stati/e

congiuntivo presente	congiuntivo passato
stia	sia stato/a
stia	sia stato/a
stia	sia stato/a
stiamo	siamo stati/e
stiate	siate stati/e
stiano	siano stati/e

congiuntivo imperfetto	congiuntivo trapassato
stessi	fossi stato/a
stessi	fossi stato/a
stesse	fosse stato/a
stessimo	fossimo stati/e
steste	foste stati/e
stessero	fossero stati/e

imperativo affermativo	imperativo negativo
sta'/stai	non stare
stia	non stia
stiamo	non stiamo
state	non state
stiano	non stiano

participio presente	participio passato
stante	stato

gerundio	
stando	

55 studiare (lernen)

presente	passato prossimo
studio	ho studiato
studi	hai studiato
studia	ha studiato
studiamo	abbiamo studiato
studiate	avete studiato
studiano	hanno studiato

imperfetto	trapassato prossimo
studiavo	avevo studiato
studiavi	avevi studiato
studiava	aveva studiato
studiavamo	avevamo studiato
studiavate	avevate studiato
studiavano	avevano studiato

passato remoto	trapassato remoto
studiai	ebbi studiato
studiasti	avesti studiato
studiò	ebbe studiato
studiammo	avemmo studiato
studiaste	aveste studiato
studiarono	ebbero studiato

futuro semplice	futuro anteriore
studierò	avrò studiato
studierai	avrai studiato
studierà	avrà studiato
studieremo	avremo studiato
studierete	avrete studiato
studieranno	avranno studiato

condizionale semplice	condizionale composto
studierei	avrei studiato
studieresti	avresti studiato
studierebbe	avrebbe studiato
studieremmo	avremmo studiato
studiereste	avreste studiato
studierebbero	avrebbero studiato

congiuntivo presente	congiuntivo passato
studi	abbia studiato
studi	abbia studiato
studi	abbia studiato
studiamo	abbiamo studiato
studiate	abbiate studiato
studino	abbiano studiato

congiuntivo imperfetto	congiuntivo trapassato
studiassi	avessi studiato
studiassi	avessi studiato
studiasse	avesse studiato
studiassimo	avessimo studiato
studiaste	aveste studiato
studiassero	avessero studiato

imperativo affermativo	imperativo negativo
studia	non studiare
studi	non studi
studiamo	non studiamo
studiate	non studiate
studino	non studino

participio presente	participio passato
studiante	studiato

gerundio	
studiando	

56   svegliarsi (aufwachen)

presente	passato prossimo
mi sveglio	mi sono svegliato/a
ti svegli	ti sei svegliato/a
si sveglia	si è svegliato/a
ci svegliamo	ci siamo svegliati/e
vi svegliate	vi siete svegliati/e
si svegliano	si sono svegliati/e

imperfetto	trapassato prossimo
mi svegliavo	mi ero svegliato/a
ti svegliavi	ti eri svegliato/a
si svegliava	si era svegliato/a
ci svegliavamo	ci eravamo svegliati/e
vi svegliavate	vi eravate svegliati/e
si svegliavano	si erano svegliati/e

passato remoto	trapassato remoto
mi svegliai	mi fui svegliato/a
ti svegliasti	ti fosti svegliato/a
si svegliò	si fu svegliato/a
ci svegliammo	ci fummo svegliati/e
vi svegliaste	vi foste svegliati/e
si svegliarono	si furono svegliati/e

futuro semplice	futuro anteriore
mi sveglierò	mi sarò svegliato/a
ti sveglierai	ti sarai svegliato/a
si sveglierà	si sarà svegliato/a
ci sveglieremo	ci saremo svegliati/e
vi sveglierete	vi sarete svegliati/e
si sveglieranno	si saranno svegliati/e

condizionale semplice	condizionale composto
mi sveglierei	mi sarei svegliato/a
ti sveglieresti	ti saresti svegliato/a
si sveglierebbe	si sarebbe svegliato/a
ci sveglieremmo	ci saremmo svegliati/e
vi svegliereste	vi sareste svegliati/e
si sveglierebbero	si sarebbero svegliato/a

congiuntivo presente	congiuntivo passato
mi svegli	mi sia svegliato/a
ti svegli	ti sia svegliato/a
si svegli	si sia svegliato/a
ci svegliamo	ci siamo svegliati/e
vi svegliate	vi siate svegliati/e
si sveglino	si siano svegliati/e

congiuntivo imperfetto	congiuntivo trapassato
mi svegliassi	mi fossi svegliato/a
ti svegliassi	ti fossi svegliato/a
si svegliasse	si fosse svegliato/a
ci svegliassimo	ci fossimo svegliati/e
vi svegliaste	vi foste svegliati/e
si svegliassero	si fossero svegliati/e

imperativo affermativo	imperativo negativo
svegliati	non svegliarsi
si svegli	non si svegli
svegliamoci	non svegliamoci
svegliatevi	non svegliatevi
si sveglino	non si sveglino

participio presente	participio passato
svegliantesi	svegliatosi

gerundio	
svegliandosi	

57 telefonare (telefonieren)

presente	passato prossimo
telefono	ho telefonato
telefoni	hai telefonato
telefona	ha telefonato
telefoniamo	abbiamo telefonato
telefonate	avete telefonato
telefonano	hanno telefonato

imperfetto	trapassato prossimo
telefonavo	avevo telefonato
telefonavi	avevi telefonato
telefonava	aveva telefonato
telefonavamo	avevamo telefonato
telefonavate	avevate telefonato
telefonavano	avevano telefonato

passato remoto	trapassato remoto
telefonai	ebbi telefonato
telefonasti	avesti telefonato
telefonò	ebbe telefonato
telefonammo	avemmo telefonato
telefonaste	aveste telefonato
telefonarono	ebbero telefonato

futuro semplice	futuro anteriore
telefonerò	avrò telefonato
telefonerai	avrai telefonato
telefonerà	avrà telefonato
telefoneremo	avremo telefonato
telefonerete	avrete telefonato
telefoneranno	avranno telefonato

condizionale semplice	condizionale composto
telefonerei	avrei telefonato
telefoneresti	avresti telefonato
telefonerebbe	avrebbe telefonato
telefoneremmo	avremmo telefonato
telefonereste	avreste telefonato
telefonerebbero	avrebbero telefonato

congiuntivo presente	congiuntivo passato
telefoni	abbia telefonato
telefoni	abbia telefonato
telefoni	abbia telefonato
telefoniamo	abbiamo telefonato
telefoniate	abbiate telefonato
telefonino	abbiano telefonato

congiuntivo imperfetto	congiuntivo trapassato
telefonassi	avessi telefonato
telefonassi	avessi telefonato
telefonasse	avesse telefonato
telefonassimo	avessimo telefonato
telefonaste	aveste telefonato
telefonassero	avessero telefonato

imperativo affermativo	imperativo negativo
telefona	non telefonare
telefoni	non telefoni
telefoniamo	non telefoniamo
telefonate	non telefonate
telefonino	non telefonino

participio presente	participio passato
telefonante	telefonato

gerundio	
telefonando	

58   tenere (halten)

presente	passato prossimo
tengo	ho tenuto
tieni	hai tenuto
tiene	ha tenuto
teniamo	abbiamo tenuto
tenete	avete tenuto
tengono	hanno tenuto

imperfetto	trapassato prossimo
tenevo	avevo tenuto
tenevi	avevi tenuto
teneva	aveva tenuto
tenevamo	avevamo tenuto
tenevate	avevate tenuto
tenevano	avevano tenuto

passato remoto	trapassato remoto
tenga	abbia tenuto
tenga	abbia tenuto
tenga	abbia tenuto
teniamo	abbiamo tenuto
teniate	abbiate tenuto
tengano	abbiano tenuto

futuro semplice	futuro anteriore
terrò	avrò tenuto
terrai	avrai tenuto
terrà	avrà tenuto
terremo	avremo tenuto
terrete	avrete tenuto
terranno	avranno tenuto

condizionale semplice	condizionale composto
terrei	avrei tenuto
terresti	avresti tenuto
terrebbe	avrebbe tenuto
terremmo	avremmo tenuto
terreste	avreste tenuto
terrebbero	avrebbero tenuto

congiuntivo presente	congiuntivo passato
tenga	abbia tenuto
tenga	abbia tenuto
tenga	abbia tenuto
teniamo	abbiamo tenuto
tenete	abbiate tenuto
tengano	abbiano tenuto

congiuntivo imperfetto	congiuntivo trapassato
tenessi	avessi tenuto
tenessi	avesse tenuto
tenesse	avesse tenuto
tenessimo	avessimo tenuto
teneste	aveste tenuto
tenessero	avessero tenuto

imperativo affermativo	imperativo negativo
tieni	non tenere
tenga	non tenga
teniamo	non teniamo
tenete	non tenete
tengano	non tengano

participio presente	participio passato
tenente	tenuto

gerundio	
tenendo	

59 uscire (ausgehen, hinausgehen)

presente	passato prossimo
esco	sono uscito/a
esci	sei uscito/a
esce	è uscito/a
usciamo	siamo usciti/e
uscite	siete usciti/e
escono	sono usciti/e

imperfetto	trapassato prossimo
uscivo	ero uscito/a
uscivi	eri uscito/a
usciva	era uscito/a
uscivamo	eravamo usciti/e
uscivate	eravate usciti/e
uscivano	erano usciti/e

passato remoto	trapassato remoto
uscii	fui uscito/a
uscisti	fosti uscito/a
uscì	fu uscito/a
uscimmo	fummo usciti/e
usciste	foste usciti/e
uscirono	furono usciti/e

futuro semplice	futuro anteriore
uscirò	sarò uscito/a
uscirai	sarai uscito/a
uscirà	sarà uscito/a
usciremo	saremo usciti/e
uscirete	sarete usciti/e
usciranno	saranno usciti/e

condizionale semplice	condizionale composto
uscirei	sarei uscito/a
usciresti	saresti uscito/a
uscirebbe	sarebbe uscito/a
usciremmo	saremmo usciti/e
uscireste	sareste usciti/e
uscirebbero	sarebbero usciti/e

congiuntivo presente	congiuntivo passato
esca	sia uscito/a
esca	sia uscito/a
esca	sia uscito/a
usciamo	siamo usciti/e
usciate	siate usciti/e
escano	siano usciti/e

congiuntivo imperfetto	congiuntivo trapassato
uscissi	fossi uscito/a
uscissi	fossi uscito/a
uscisse	fosse uscito/a
uscissimo	fossimo usciti/e
usciste	foste usciti/e
uscissero	fossero usciti/e

imperativo affermativo	imperativo negativo
esci	non uscire
esca	non esca
usciamo	non usciamo
uscite	non uscite
escano	non escano

participio presente	participio passato
uscente	uscito

gerundio	
uscendo	

60 vedere (sehen)

presente	passato prossimo
vedo	ho visto
vedi	hai visto
vede	ha visto
vediamo	abbiamo visto
vedete	avete visto
vedono	hanno visto

imperfetto	trapassato prossimo
vedevo	avevo visto
vedevi	avevi visto
vedeva	aveva visto
vedevamo	avevamo visto
vedevate	avevate visto
vedevano	avevano visto

passato remoto	trapassato remoto
vidi	ebbi visto
vedesti	avesti visto
vide	ebbe visto
vedemmo	avemmo visto
vedeste	aveste visto
videro	ebbero visto

futuro semplice	futuro anteriore
vedrò	avrò visto
vedrai	avrai visto
vedrà	avrà visto
vedremo	avremo visto
vedrete	avrete visto
vedranno	avranno visto

condizionale semplice	condizionale composto
vedrei	avrei visto
vedresti	avresti visto
vedrebbe	avrebbe visto
vedremmo	avremmo visto
vedreste	avreste visto
vedrebbero	avrebbero visto

congiuntivo presente	congiuntivo passato
veda	abbia visto
veda	abbia visto
veda	abbia visto
vediamo	abbiamo visto
vediate	abbiate visto
vedano	abbiano visto

congiuntivo imperfetto	congiuntivo trapassato
vedessi	avessi visto
vedessi	avessi visto
vedesse	avesse visto
vedessimo	avessimo visto
vedeste	aveste visto
vedessero	avessero visto

imperativo affermativo	imperativo negativo
vedi	non vedere
veda	non veda
vediamo	non vediamo
vedete	non vedete
vedano	non vedano

participio presente	participio passato
vedente	visto

gerundio	
vedendo	

61   venire (kommen)

presente	passato prossimo
vengo	sono venuto/a
vieni	sei venuto/a
viene	è venuto/a
veniamo	siamo venuti/e
venite	siete venuti/e
vengono	sono venuti/e

imperfetto	trapassato prossimo
venivo	ero venuto/a
venivi	eri venuto/a
veniva	era venuto/a
venivamo	eravamo venuti/e
venivate	eravate venuti/e
venivano	erano venuti/e

passato remoto	trapassato remoto
venni	fui venuto/a
venisti	fosti venuto/a
venne	fu venuto/a
venimmo	fummo venuti/e
veniste	foste venuti/e
vennero	furono venuti/e

futuro semplice	futuro anteriore
verrò	sarò venuto/a
verrai	sarai venuto/a
verrà	sarà venuto/a
verremo	saremo venuti/e
verrete	sarete venuti/e
verranno	saranno venuti/e

condizionale semplice	condizionale composto
verrei	sarei venuto/a
verresti	saresti venuto/a
verrebbe	sarebbe venuto/a
verremmo	saremmo venuti/e
verreste	sareste venuti/e
verrebbero	sarebbero venuti/e

congiuntivo presente	congiuntivo passato
venga	sia venuto/a
venga	sia venuto/a
venga	sia venuto/a
veniamo	siamo venuti/e
veniate	siate venuti/e
vengano	siano venuti/e

congiuntivo imperfetto	congiuntivo trapassato
venissi	fossi venuto/a
venissi	fossi venuto/a
venisse	fosse venuto/a
venissimo	fossimo venuti/e
veniste	foste venuti/e
venissero	fossero venuti/e

imperativo affermativo	imperativo negativo
vieni	non venire
venga	non venga
veniamo	non veniamo
venite	non venite
vengano	non vengano

participio presente	participio passato
veniente/venente	venuto

gerundio	
venendo	

62 vestirsi (sich anziehen)

presente	passato prossimo
mi vesto	mi sono vestito/a
ti vesti	ti sei vestito/a
si veste	si è vestito/a
ci vestiamo	ci siamo vestiti/e
vi vestite	vi siete vestiti/e
si vestono	si sono vestiti/e

imperfetto	trapassato prossimo
mi vestivo	mi ero vestito/a
ti vestivi	ti eri vestito/a
si vestiva	si era vestito/a
ci vestivamo	ci eravamo vestiti/e
vi vestivate	vi eravate vestiti/e
si vestivano	si erano vestiti/e

passato remoto	trapassato remoto
mi vestii	mi fui vestito/a
ti vestisti	ti fosti vestito/a
si vestì	si fu vestito/a
ci vestimmo	ci fummo vestiti/e
vi vestiste	vi foste vestiti/e
si vestirono	si furono vestiti/e

futuro semplice	futuro anteriore
mi vestirò	mi sarò vestito/a
ti vestirai	ti sarai vestito/a
si vestirà	si sarà vestito/a
ci vestiremo	ci saremo vestiti/e
vi vestirete	vi sarete vestiti/e
si vestiranno	si saranno vestiti/e

condizionale semplice	condizionale composto
mi vestirei	mi sarei vestito/a
ti vestiresti	ti saresti vestito/a
si vestirebbe	si sarebbe vestito/a
ci vestiremmo	ci saremmo vestiti/e
vi vestireste	vi sarete vestiti/e
si vestirebbero	si sarebbero vestiti/e

congiuntivo presente	congiuntivo passato
mi vesta	mi sia vestito/a
ti vesta	ti sia vestito/a
si vesta	si sia vestito/a
ci vestiamo	ci siamo vestiti/e
vi vestiate	vi siate vestiti/e
si vestano	si siano vestiti/e

congiuntivo imperfetto	congiuntivo trapassato
mi vestissi	mi fossi vestito/a
ti vestissi	ti fossi vestito/a
si vestisse	si fosse vestito/a
ci vestissimo	ci fossimo vestiti/e
vi vestiste	vi foste vestiti/e
si vestissero	si fossero vestiti/e

imperativo affermativo	imperativo negativo
vestiti	non vestirsi
si vesta	non si vesta
vestiamoci	non vestiamoci
vestitevi	non vestitevi
si vestano	non si vestano

participio presente	participio passato
vestentesi	vestitosi

gerundio	
vestendosi	

63 viaggiare (reisen)

presente	passato prossimo
viaggio	ho viaggiato
viaggi	hai viaggiato
viaggia	ha viaggiato
viaggiamo	abbiamo viaggiato
viaggiate	avete viaggiato
viaggiano	hanno viaggiato

imperfetto	trapassato prossimo
viaggiavo	avevo viaggiato
viaggiavi	avevi viaggiato
viaggiava	aveva viaggiato
viaggiavamo	avevamo viaggiato
viaggiavate	avevate viaggiato
viaggiavano	avevano viaggiato

passato remoto	trapassato remoto
viaggia	ebbi viaggiato
viaggiasti	avesti viaggiato
viaggiò	ebbe viaggiato
viaggiammo	avemmo viaggiato
viaggiaste	aveste viaggiato
viaggiarono	ebbero viaggiato

futuro semplice	futuro anteriore
viaggerò	avrò viaggiato
viaggerai	avrai viaggiato
viaggerà	avrà viaggiato
viaggeremo	avremo viaggiato
viaggerete	avrete viaggiato
viaggeranno	avranno viaggiato

condizionale semplice	condizionale composto
viaggerei	avrei viaggiato
viaggeresti	avresti viaggiato
viaggerebbe	avrebbe viaggiato
viaggeremmo	avremmo viaggiato
viaggereste	avreste viaggiato
viaggerebbero	avrebbero viaggiato

congiuntivo presente	congiuntivo passato
viaggi	abbia viaggiato
viaggi	abbia viaggiato
viaggi	abbia viaggiato
viaggiamo	abbiamo viaggiato
viaggiate	abbiate viaggiato
viaggino	abbiano viaggiato

congiuntivo imperfetto	congiuntivo trapassato
viaggiassi	avessi viaggiato
viaggiassi	avessi viaggiato
viaggiasse	avesse viaggiato
viaggiassimo	avessimo viaggiato
viaggiaste	aveste viaggiato
viaggiassero	avessero viaggiato

imperativo affermativo	imperativo negativo
viaggia	non viaggiare
viaggi	non viaggi
viaggiamo	non viaggiamo
viaggiate	non viaggiate
viaggino	non viaggino

participio presente	participio passato
viaggiante	viaggiato

gerundio	
viaggiando	

64 vivere (leben)

presente	passato prossimo
vivo	sono vissuto/a
vivi	sei vissuto/a
vive	è vissuto/a
viviamo	siamo vissuti/e
vivete	siete vissuti/e
vivono	sono vissuti/e

imperfetto	trapassato prossimo
vivevo	ero vissuto/a
vivevi	eri vissuto/a
viveva	era vissuto/a
vivevamo	eravamo vissuti/e
vivevate	eravate vissuti/e
vivevano	erano vissuti/e

passato remoto	trapassato remoto
vissi	fui vissuto/a
vivesti	fosti vissuto/a
visse	fu vissuto/a
vivemmo	fummo vissuti/e
viveste	foste vissuti/e
vissero	furono vissuti/e

futuro semplice	futuro anteriore
vivrò	sarò vissuto/a
vivrai	sarai vissuto/a
vivrà	sarà vissuto/a
vivremo	saremo vissuti/e
vivrete	sarete vissuti/e
vivranno	saranno vissuti/e

condizionale semplice	condizionale composto
vivrei	sarei vissuto/a
vivresti	saresti vissuto/a
vivrebbe	sarebbe vissuto/a
vivremmo	saremmo vissuti/e
vivreste	sareste vissuti/e
vivrebbero	sarebbero vissuti/e

congiuntivo presente	congiuntivo passato
viva	sia vissuto/a
viva	sia vissuto/a
viva	sia vissuto/a
viviamo	siamo vissuti/e
viviate	siate vissuti/e
vivano	siano vissuti/e

congiuntivo imperfetto	congiuntivo trapassato
vivessi	fossi vissuto/a
vivessi	fossi vissuto/a
vivesse	fosse vissuto/a
vivessimo	fossimo vissuti/e
viveste	foste vissuti/e
vivessero	fossero vissuti/e

imperativo affermativo	imperativo negativo
vivi	non vivere
viva	non viva
viviamo	non viviamo
vivete	non vivete
vivano	non vivano

participio presente	participio passato
vivente	vissuto

gerundio	
vivendo	

65 volere (wollen)

presente	passato prossimo
voglio	ho voluto
vuoi	hai voluto
vuole	ha voluto
vogliamo	abbiamo voluto
volete	avete voluto
vogliono	hanno voluto

imperfetto	trapassato prossimo
volevo	avevo voluto
volevi	avevi voluto
voleva	aveva voluto
volevamo	avevamo voluto
volevate	avevate voluto
volevano	avevano voluto

passato remoto	trapassato remoto
volli	ebbi voluto
volesti	avesti voluto
volle	ebbe voluto
volemmo	avemmo voluto
voleste	aveste voluto
vollero	ebbero voluto

futuro semplice	futuro anteriore
vorrò	avrò voluto
vorrai	avrai voluto
vorrà	avrà voluto
vorremo	avremo voluto
vorrete	avrete voluto
vorranno	avranno voluto

condizionale semplice	condizionale composto
vorrei	avrei voluto
vorresti	avresti voluto
vorrebbe	avrebbe voluto
vorremmo	avremmo voluto
vorreste	avreste voluto
vorrebbero	avrebbero voluto

congiuntivo presente	congiuntivo passato
voglia	abbia voluto
voglia	abbia voluto
voglia	abbia voluto
vogliamo	abbiamo voluto
vogliate	abbiate voluto
vogliano	abbiano voluto

congiuntivo imperfetto	congiuntivo trapassato
volessi	avessi voluto
volessi	avessi voluto
volesse	avesse voluto
volessimo	avessimo voluto
voleste	aveste voluto
volessero	avessero voluto

imperativo affermativo	imperativo negativo
vogli	non volere
voglia	non voglia
vogliamo	non vogliamo
vogliate	non vogliate
vogliano	non vogliano

participio presente	participio passato
volente	voluto

gerundio	
volendo	

www.lernhilfen-sprachen.com

www.lernhilfen-shop.com

Titelbild: Fotolia

Herstellung und Verlag:
BoD - Books on Demand, Norderstedt
ISBN 978-3-7460-1230-8

FSC
www.fsc.org
MIX
Papier aus ver-
antwortungsvollen
Quellen
Paper from
responsible sources
FSC® C105338